山东体育学院·人文社会科学研究文库

日本竞技体育体制研究

曲国洋　著

山 东 大 学 出 版 社

图书在版编目(CIP)数据

日本竞技体育体制研究/曲国洋著. —济南：
山东大学出版社，2015.12
ISBN 978-7-5607-5468-0

Ⅰ. ①日… Ⅱ. ①曲… Ⅲ. ①竞技体育－管理体制－
研究－日本 Ⅳ. ①G813.13

中国版本图书馆 CIP 数据核字(2015)第 321106 号

责任策划：刘旭东
责任编辑：秦大忠
封面设计：张　荔

出版发行：山东大学出版社
社　　址　山东省济南市山大南路 20 号
邮　　编　250100
电　　话　市场部(0531)88364466
经　　销：山东省新华书店
印　　刷：泰安金彩印务有限公司
规　　格：700 毫米×1000 毫米　1/16
10.25 印张　188 千字
版　　次：2015 年 12 月第 1 版
印　　次：2015 年 12 月第 1 次印刷
定　　价：22.00 元

序言

日本是一个四面环海的岛国，是我国一衣带水的近邻，地理面积不足38万平方公里。战后的日本在短短30年间创造了经济发展的奇迹，一举成为世界公认的发达国家，在近代历史上对整个世界都产生了重要的影响。日本社会的发展吸引了众多研究者的目光，体育领域也不例外。

日本是亚洲最早发展竞技体育的国家，也是最早参加奥运会的亚洲国家。在竞技体育的发展历史上，日本曾经创造了不少的辉煌。比如在奥运会比赛历史上，日本代表团就有九次取得了金牌榜前八名的成绩。在亚运会的比赛历史上，日本曾在前八届蝉联金牌榜的冠军；再比如我们所熟知的曾经被称为"东方魔女"的日本女排和至今在世界上占据强大优势的日本柔道，等等。在众多项目的发展历程中，日本做出了较大的贡献，在世界体坛上也有着举足轻重的地位。观其表象，我们提出的第一个问题就是，日本相对于其他世界大国来说，面积不大，人口不多，与我们同属于黄色人种，何以能取得如此优异的成绩？这样一个简单的问题引发了体育学者对日本体育一系列问题的思考。比如：许多专家学者都认为日本的体育管理也是以政府为主导，那么其在管理体制和运行机制上有什么样的特点？说明了什么问题？日本竞技体育的组织结构究竟怎样呢？日本竞技体育采取的目标和战略是什么？等等。带着这样一些疑问，笔者开始广泛查阅与日本体育发展有关的文献，赴日本进行实地调查，以竞技体育为视角设计自己的研究思路。

现代竞技体育在世界各国的理解虽有差异，但其本质都是以提高运动成绩、获取比赛胜利为目的的体育形式。从体育的发展历史来看，自从体育以比赛的形式出现，就已经包含着竞技的元素。"追求胜利"是人类在社会化发展过程中普遍存在的价值观念，竞技体育赋予了这一观念以实际内容，为人类追求胜利而竞争提供了良好的载体。竞技体育项目的广泛性、对人体要求的多样性使得许多国家有能力发展一个或多个优势项目，因此，对他国体育的研究成为体育领域重要的研究方向之一。许多国家根据本国的实际，为发展和提高本国的竞技体育水平而采取了一系列措施，在组织结构、项目选择、运动训练、运动竞赛等基本环节上实施着系统的管理和运行。深入研究和分析他国的体育事业，了解其系统在各个要素上的利弊优劣，将为发展我国竞技体育事业提供良好借鉴。

竞技体育的发展必然与其他体育形式的发展紧密地联系在一起，因为其共同处于一个国家和社会的政治经济文化环境中。日本体育的发展也不例外，其竞技体育的发展也必将与社会体育、职业体育、学校体育、军事体育等各种不同层次、不同领域的体育形式紧密地结合在一起。本研究试图以日本竞技体育为中心，深入地分析日本竞技体育发展的基本轨迹，研究其组织管理结构以及影响其发展的重要政策，以求能深刻地理解日本竞技体育体制，并对其作出全面系统的分析和探讨。

现代竞技体育的发展与社会政治经济文化的发展水平紧密相联，但又不完全受制于上层建筑而成为一种独立又不孤立的社会现象。其独立，是因竞技体育现象有其完整的发展历史和运行体系，区别于其他文化形式而发展起来；其不孤立，是因其项目发展水平、项目设置等具体要素受制于国家和社会主流的价值取向。由此来看，一个国家对竞技体育的价值取向是其发展竞技体育事业的基础。确立一项事业的发展目标对于这项事业的发展方向至关重要，价值取向对事业目标具有直接的导向作用。一个国家对竞技体育的价值取向决定了一个国家发展竞技体育的基本目标，为了实现这样的目标，就必须建立一套有效的组织管理体系，具体表现为国家为达到竞技体育的事业目标而采取的管理策略、方式等，直接打造出这个国家竞技体育发展的形式和状态。当然，这样一个综合的过程必须由具体操作的主体——“人”来进行具体的实施。而其价值取向与目标确立与否、管理策略方式合理与否、实施状况落实与否，则将通过国家的竞技体育发展水平呈现出来。

本研究根据这样一个思路展开，分为五个部分。

第一部分为序言，提出本研究的思维起点以及需要解决的基本问题和研究的边界。

第二部分为前人的研究，以第一部分的基本研究思路设计为基础，从价值取向、管理实施、管理效果三个层面把国内外的研究作一总结，分析其研究的价值与不足。

第三部分为研究方法，先从方法论层面阐述有关本研究的几个理论基础，然后过渡到研究的具体方法。

第四部分为研究主体，在这一部分当中，延续了价值取向、管理实施、管理效果这三个层次，具体分八个方面进行研究：第一，通过回顾日本体育发展的历史过程探讨日本竞技体育的价值取向。第二，分析日本竞技体育管理的组织结构，介绍各个管理机构的产生机制与所承担的职责及相互间的关系。第三，在一个相对完善的法制国家，管理机构制定的政策是实现一个国家事务管理的基本导向，所以在实现层面，以政府制定的总体政策作为分析的重点并联系日本体育发展的起伏过程，分析影响日本竞技体育发展进程的政策制定，比如三次审议的方案。第四，对日本体育政策和其体制的变化作了一个纵向分析，从国家的层面分析二战以后日本体育体制发展的基本特点。第五，研究日本体育政策的实施和执行，在这一问题上从两个角度展开：一是从中央政府的角度，分析其在执行发展政策的过程中做了哪些具体工作；二是从地方自治体的角度，分析其如何制定地方政策以配合中央政策的实行，分析其都道府县的发展规划，并以爱知县为例考察如何执行国家的战略规划政策。第六，分析日本竞技体育执行的效果，以日本竞技体育参加国际大赛的成绩为基本的分析材料，以此来考察日本竞技体育体制运行的效果。第七，以竞技体育为核心研究日本竞技体育体制发展的其他方面：一是随着社会变迁，日本竞技体育在实施过程中发生的一些隐形的、伴生的变化；二是对最新的日本体育改革的政策进行介绍，为后续的研究打下时效上的基础。第八，深入总结日本竞技体育体制的基本特征，通过十个方面的分析从总体上把握日本竞技体育的基本脉络。

第五部分，结为论。日本竞技体育的发展历程充分体现了把竞技体育作为一种引领社会优秀文化的教育工具、一种培养青少年体育爱好与兴趣的重要手段的理念和实践，国家制定了合理的发展战略和相关法律、政策，而地方自治体则积极联系市町村，并与国民一道，依法落实国家的体育政策，使政策的制定与执行形成了一个较为高效的社会运转系统，促进了日本竞技体育乃至整个社会文化的发展。

曲国洋
2015 年 12 月

目 录

第一章 前人的研究

重大的变革会明显地把一个国家和社会划分出清晰的发展阶段，如同一个国家的改朝换代、变法革命、国家制度的建立一样，历史学家把日本社会的发展分成了多个发展阶段，总结起来大致可以这样理解：一是古代的日本，以明治维新为界；二是明治维新后，为近代的日本；然后以第二次世界大战为界，分为战前的日本和战后的日本。国家对于文明的传承包括物质和文化两个方面。第二次世界大战使近代日本的军国主义以失败告终，国民物质财富的40%都直接或间接地毁于战争。但就在这样一个基础条件下，日本只用了短短30年就跻身于发达国家的行列。现代日本的文化财富主要是从明治维新前后开始发展起来的，其物质财富则以二战后的发展为主，所以本研究对于日本竞技体育文化与价值取向的研究主要从明治维新开始，对竞技体育的管理体制的分析则从战后开始，这样能够比较清晰地显现出日本竞技体育发展的基本脉络和其现实的发展状态。

我国对于日本体育的研究大多集中在学校体育和大众体育方面，对于日本竞技体育的研究，大体分为这样两类：一是对日本体育代表团奥运会成绩所进行的现象分析；二是对日本东京奥运会后的发展方向的分析。

日本人对于本国竞技体育的研究大多没有单独进行，而是把其作为体育事业的一个重要组成部分对待。换句话说，日本对于竞技体育的理解就是体育发展的精英部分，与"以取得优异运动成绩为目的"有着类似的意味，从国际的观点来看，就是以"在国际大赛中取得优异成绩为最高目标"。日本对竞技体育体制的理解与其社会制度和历史原因有着紧密的联系，而且日本竞技体育与大众体育的界限划分并不像我国这么明确，所以，日本学者大部分是以一个整体的体育发展理念来对竞技体育进行分析。现根据本研究的需要，对前人的日本竞技体育的研究作一个简要的介绍。

第一节 关于竞技体育的价值取向

国内学者鲜有以日本竞技体育的价值取向为中心的研究，我们只能从他们对于日本体育其他方面的研究中窥见一斑。

王宏江、刘青等对日本、美国和澳大利亚的体育体制进行过研究①，认为日本对竞技体育的认识与澳大利亚等较为相似，如认为高水平的竞技体育能给人带来愉悦感受，对引导青少年的体育兴趣等有着积极的作用，政府的参与也会给竞技体育提供广泛的交流机会。其研究以及与此类相似的其他研究大多从现代竞技体育的表征出发，并没有联系到这种价值取向形成的历史及其在现代产生的作用。

聂啸虎②认为，日本在第二次世界大战以后从一个穷兵黩武的落后的政治社会一跃成为大力发展公益事业的福利社会，这是值得给予肯定评价的，而其社会体育被作为福利事业的一部分获得长足发展，也是应予肯定的。另外，从历史上看，日本曾两次取得奥运会的举办权，但由于战争而放弃了一次，基于这个原因，对奥运会的渴望也是日本体育价值取向的重要体现。其研究还认为，日本人的观念是，只有广泛地发展社会体育和学校体育，才能为提高竞技水平打好基础，重新实现奥运的梦想。此观点可用来解释日本战后踏实地走向以大众体育来振兴竞技体育之路。从理论上讲，这也应该是日本振兴体育的原因之一。但这个原因是否真正使日本竞技体育走上了良性发展的轨道？日本是不是以此为目标和基础？关于这些问题，尚有待于进一步的研究与分析。

高虹的研究③认为，竞技体育和大众体育存在相互依存、相互补充的辩证关系，但并不意味着两者可以自然地融合在一起。中国应当吸取东京奥运会后日本发展体育的教训，不能只重视大众体育的建设和发展，而忽视了竞技体育的长足发展。日本竞技体育走过了几次高峰和低谷，也表明了竞技体育的发展并不是以大众体育发展为充分必要条件，国家的政策导向会有力地调节和影响着体育各部分的发展。此观点与上一观点稍有矛盾，竞技体育发展对于任何国家来说，都是一个长期的过程，其或盛或衰有其客观的条件，也有着认识的根源，保证一个国家的体育事业的可持续发展，把各种体育的组成成分作为一个整体来分

---

① 王宏江，刘青.美国、澳大利亚和日本竞技体育管理模式研究.成都体育学院学报，2007，33(3)：8～11.

② 聂啸虎."二战"后日本体育复兴的历史考察.成都体育学院学报，2002，28(2)：42～44.

③ 高虹.北京奥运会后竞技体育和大众体育的走向问题——东京奥运会后日本体育发展道路的启示.山东体育学院学报，2008，24(8)：19～21.

析是非常有必要的。如何能做到让体育事业持续、稳定地发展就是政策制定和价值导向应该首先考虑的问题。在这一点上，诸多学者没有详细研究。

森川贞夫和佐伯聪夫对日本人的体育观作过系统的研究，其研究着眼于操作层面之上。其从社会文化的语言特点出发，从言语学、社会学等角度运用实证方法对日本人的体育观作了总结，研究认为日本人的体育观的特征表现为胜败主义、自虐主义、排他主义等负面的价值观念，另外有修养主义、精神主义、求道主义等正面的价值观念。在言语方面，以不同年级运动员使用的语言不同、运动员与普通民众使用的语言不同说明了日本人的等级理念；从实证方面，根据针对500名学生的问卷调查，从胜利倾向、平等倾向、提高自己的倾向三个方面进行了统计分析，得出了胜利倾向占到了大部分比例且男生比女生更为明显的结论。[①] 森川贞夫等人的研究代表了日本人在操作层面的体育价值观念的认知，但是其研究的视野稍有局限，其对这些观点的总结忽视了尺度的问题。也就是说，在竞技体育发展的过程中，人们追求胜利是一种必然的取向，但在追求的方式方法上如果不能节制，不遵守规则甚或不择手段，就失去了竞技体育原有的价值与魅力。对运动员为取得成绩进行艰苦的训练，亦不能简单地理解为自虐主义，这也许与社会学家站在普通大众的角度上认识问题有关。日本的语言随社会等级和地位的不同而有不用的表达方式，这也是日本社会文化使然，并不是体育特有的现象。本研究将从宏观的、历史的层面进行日本体育价值观念的分析。

木村吉次在其体育史的研究中分析了日本体育价值观念。他的观点是，近代以来日本在从德国、法国、英国等西方国家输入体育项目的过程中也吸收了这些西方国家的体育观念。在其实质上，尽管日本是善于吸收外来文化的国家，但是任何民族对外来文化的吸收都不可能全盘接受，而是会随着传入的过程与本地文化思想进行交融并渐渐变得本土化，同时更随着社会经济文化的发展过程而出现渐变。[②]

日下裕弘系统地研究了日本体育文化的历史源流，为本研究提供了重要的参考。其观点认为，日本体育价值观念是随历史产生的，从娱乐游戏的价值观到军事实用的价值观，体育项目在相关规则不断统一的同时，也产生了价值观念的变化。为此，他以明治时代的几个项目的信条和队歌为例分析了胜利至上主义和锻炼主义。同时，他认为武士的信仰和标准对日本体育起到了重要作用，强调了精神修养在体育运动价值观念中的重要地位。[③] 但其研究也只是操作层面上

① 森川貞夫，佐伯聰夫．スポーツ社会学講義．東京：大修館書店，2002．2：56～66．

② 木村吉次．体育・スポーツ史概論．東京：有限会社 市村出版，2003．4：74～76．

③ 日下裕弘．日本スポーツ文化の源流．東京：不味堂出版 1996．2．

的，对于引领一个国家整体的价值观念的根源并没有表达清楚。

综上所述，对于一个国家体育的价值观念，中国学者与日本学者大多没有以此为中心的研究，而只是在各自对历史、现状的研究中提到一部分，胜利主义的价值取向一定会影响到国家竞技体育政策的制定方向，而且，价值观念也是在历史的发展进程中随社会政治经济文化的变化而发生变化。同时，因为日本学者大多站在整个体育发展的角度上看待问题，与竞技体育的角度稍有出入，这也可能是产生偏差的原因之一。但是，这些都为本研究提供了有价值的参考。

日本相扑

资料来源：http://www.e-shiki.jp/ryoyokotsuna.jpg.

第二节　关于日本竞技体育的管理与实施的研究

王宏江、刘青等对日本体育管理体制进行了高度概括性的介绍，研究认为日本事务性的体育管理工作由日本体育协会和日本奥委会承担。其中，日本体育协会的主要职责是贯彻政府的体育政策，承担政府较为零散的事务性工作，如培养社会体育指导员、举办国民体育大会、开展体育科学研究、推动青少年体育的开展以及进行国际体育交流等。日本奥委会的主要任务是为参加国际大赛选拔和训练优秀的运动员，其执委会受辖于文部省。[①] 这样简单的叙述让我们难以详细地了解日本的体育管理体制，因为任何体制的产生都有其历史的文化的深层次的根源。而且，体制一旦建立也须付诸合理的运行体系才能发挥其应有的价值、产生良好的效果。本研究也将深入地对此进行分析，以期更为深入地理解

① 王宏江，刘青．美国、澳大利亚和日本竞技体育管理模式研究．成都体育学院学报，2007，33(3)：8～11.

日本体育的管理体制。

崔颖波的研究认为，日本东京奥运会后调整体育方针，完全是为了适应当时经济、社会的发展以及体育发展格局的变化。换一个角度来说，在经过东京奥运会以后，日本社会对竞技体育的价值取向产生了变化，因此，在体育的方针政策方面进行了广泛的调整。在体制基本不变的情况下调整其政策的导向使其向着更为健康、更为有意义的方向发展，这可能也是我们现在应该学习和注意的问题。奥运会是一个综合的交流平台，以竞技体育为主线而衍生出众多其他的体育问题，甚至直接涉及政治经济文化等问题，日本必然也是在东京奥运会成绩显著提高的情况下发生了认识上的改变，既认识到了本国与西方的差距，也认识到了发展体育事业的方法与途径。这也是笔者将要解决的问题。①

周爱光对日本体育振兴计划和日本体育法也作过研究和分析，为本研究提供了重要的参考价值。② 作为现代法制国家，以法律的形式规定社会事业的发展是最有力的政策导向。日本《体育振兴法》和《日本体育振兴计划》是日本体育发展史上具有里程碑意义的政策文件。日本《体育振兴基本计划》明确规定了2001～2010年日本体育发展的总体目标、具体内容和实施细则，反映了新世纪日本体育政策的新变化，强调了大众体育与竞技体育协调发展，并在加快竞技体育发展的政策上有所突破。其中建立综合型区域体育俱乐部和泛区域体育中心、建立“一贯性的训练体系”两大举措将对日本体育产生深远影响。

日本学者内田和雄曾于20世纪90年代初期对二战以后的日本体育体制作过系统的研究，其在研究中把日本战后的体育发展分成了三个阶段：一是战败初期，二是《体育振兴法》的制定，三是《体育振兴法》制定后的政策分析。其研究的年代稍远，是在日本体育振兴基本计划之前进行的研究，虽然反映不出日本战后体育体制形成的全貌，但也部分地为本研究提供了依据和参考。③ 其研究是沿着奥林匹克行政的主线展开的，反映了日本体育体制在二战以后的基本特点。但是近二十年来，日本体育发生了很大的变化，包括政策方面，也包括政策的实施方面，这些也有待于笔者进一步研究。

三本修正敏近年来观察了日本体育的变革，对日本体育的组织管理提出了担心，指出企业俱乐部的退出是日本体育发展发生变化的主要原因。④ 其站在

---

① 崔颖波．东京奥运会后的日本体育发展给我们的启示——兼论2008年北京奥运会后我国的体育方针．体育与科学 2004，25(4)：28～31．

② 周爱光．日本体育政策的新动向——《体育振兴基本计划》解析．体育学刊，2007，14(2)：17～19；周爱光．日本体育法学的发展及研究动向．体育学刊 2006，13(3)：1～4．

③ 内田和雄．戦後スポーツ体制の確立．東京：不味堂出版 1993.1．

④ 柴田晴夫・篠原一洋・鶴，英樹・中平稔人．変わりゆく日本のスポーツ．世界思想社 2008．

整个社会经济发展的视角对日本体育提出了不同的看法,具有较好的参考意义。

日本学者关春南对战后日本的体育政策的结构作了详细的分析。他从社会学家的视角,站在大众体育的利益上考虑日本体育的体制与政策,对日本体育体制发展过程中的奥林匹克主义进行了批判性的研究,对国家主义、商业主义、奥林匹克主义的政策提出了不同的意见。[①] 笔者从其研究中看到了日本体育政策的另一面,对整体把握日本的体育管理体制有着重要参考作用。任何社会事务的发展必然有不同的声音,作为研究来讲是正常现象,但是,站在国际体育发展趋势的视野去看待问题时就会发现,个人离不开社会,国家离不开国际,这是现代文明发展的必然规律。

水野和英针在他的研究中对日本竞技体育的问题进行了阐述,指明了日本竞技体育水平的低下是因为投入不足的问题,指出竞技体育的发展首先是资金的保证,其次是提出了打破日本的学校、企业俱乐部设施的闭锁体系,创造以地域为中心的开放体系的观点。在指导者的一贯性方面,则提出给教练员提供有效的保障也是发展日本竞技体育的必要条件。[②] 水野是站在日本的国家立场上去看待日本竞技体育问题的,提出了日本竞技体育发展过程中的基本路径,作为一名社会学家,没有对实施措施进行具体分析,也是在常理之中。

浅见俊雄对少年儿童的竞技体育进行了研究,对体育少年团的活动和实施状况作了详细的调查分析,不仅仅对少年时期的竞技体育的训练方式作出了宏观的指导,比如心理、体能、安全等问题;而且还分析了日本少年儿童的竞技体育在世界上的地位,比如日本少年足球、棒球等在世界上具有较高的水平。[③] 其研究没有分析产生这种结果的原因,其实质是由日本体育少年团庞大的训练组织决定的。在 20 世纪 80 年代,日本的体育青少年有 50 万以上进行着每周两次的有指导的训练活动。这一点是日本竞技体育能够长期保持世界前列的基础。

国内学者对日本竞技体育管理与实施的研究大多集中在一点一面,反映出日本体育体制发展系统的某个部分,由于视角的局限性,所得结论有时会与实际情况有所偏离。但是作为本研究的基础性参考资料,日本学者在体育的管理和实施方面研究分析问题的角度各有不同,为我们提供了重要的参考线索。本研究从竞技体育的视角去看待会有不同的结论,将尽量烘托出一个全面的日本体育体制在竞技体育的管理、政策和其实施的情况,并进行客观的分析和评价。

---

① 関・春男.戦後日本のスポーツ政策その構造と展開.東京:大修館書店,1997.4.

② 水野和英.スポーツと国家.東京:株式会社 文芸社,2001.4:146～147.

③ 子供の競技スポーツ.体育科学センターの歩み.体育科学.財団法人体育科学センター 2002.31:220～224.

2020 东京奥运会标志

资料来源：http://baike.baidu.com/album/10897829/11200014.

第三节 关于日本竞技体育管理效果的研究

秦华云对日本参加奥运会的成绩作过初步的分析，认为日本奥运会成绩三落三起的成功策略在于：抓住几个核心项目，并以此为中心四处扩散，富有弹性和灵活性。但其主要是从现象上分析了日本参加奥运会的比赛成绩，没有深入地对日本体育管理体制的政策、机制、效果等方面进行分析，难以形成系统的观点。①

聂啸虎的研究表明，战后的日本摆脱了以天皇为最高权力代表的腐朽没落的政治体制，以教育带动了学校体育的发展，从而带动了体育的全面复兴，大体

---

① 秦华云，李政. 解读现代夏季奥运会日本代表团的比赛成绩. 山西师大体育学院学报研究生论文专刊，2008，23：143～146

上描述了日本体育发展的成果。[①],本研究将在此基础上进一步系统地分析日本各个时期体育管理产生的效果的变化,为研究提供有力的支持保证。

郑贺认为,日本管理政策的偏向大大促进了大众体育的发展,分析了竞技体育的重心向社会体育偏移的观点,这也是日本体育发展的重要特征之一。[②] 郭瑞华也提出了同样的观点,持有同样观点的还有夏淑虹[③]等。丛宁丽[④]认为,日本柔道、游泳、体操、摔跤取得优异成绩的原因除了有运动员已经达到世界一流水平、心理稳定之外,还有训练师、医生、情报团的工作人员的大力支持的作用。其分析了日本奥委会的作用与管理,从另一个侧面反映了日本体育取得优异成绩的原因。[⑤]

出云辉彦对日本竞技体育体制作过部分研究,其从国家层面上对日本竞技体育的现状作了表面的情况分析,其以经济基础与国际竞技水平作横向比较,得出了日本体育本质上竞技力低下的基本结论。[⑥] 其实,若论日本竞技体育水平是“低下”还是“发达”,应该建立在综合的视角基础之上。当然,作为日本学者,给自己定义一个“低下”的标准,以求以此为起点进行提升,这是无可厚非的。笔者在研究这个问题的时候,不仅仅是站在经济角度上,虽然经济是体育的重要支持力量,但是体育的发展与其所在国家的政策、文化都有着千丝万缕的联系,同时,以竞技体育一项事物为视点进行国际比较,是站在全球200多个国家的平台之上进行的,并且要从历史分析到现在,因此,本研究在一定程度上也从体制上对其进行了发展趋势上的基本预测。

堀繁、木田悟等对日本的地域体育作过详细的分析,提出了依靠体育创造有活力的地域社会的观点。在其论述中,对日本的国民体育大会、单项联赛等运行的方式方法以及意义等作过深入的研究。提出了以体育振兴国家的思想,从某种意义上与日本最新提出的体育立国战略相吻合。[⑦] 发达国家的进步历程由农业发达到工业发达再到商业发达,更进一步的是文化艺术体育的发达。这一观点是日本体育立国战略的思想基础,具有很强的思想引导价值。

藤田纪昭曾作过有关日本体育协会性质的研究,对日本体育协会的社会团

---

① 聂啸虎.“二战”后日本体育复兴的历史考察.成都体育学院学报,2002,28(2):42～44.

② 郑贺.东京奥运会后日本体育发展带来的启示.体育文化导刊,2003,9:16～17.

③ 夏书红.东京奥运会后日本体育发展历程对我国体育发展的启示.沈阳体育学院学报,2007年26(6):24～26

④ 丛宁丽.日本体育制度改革对竞技体育的影响.成都体育学院学报,2004,30(6):22～25.

⑤ 郭瑞华.东京奥运会后日本体育发展带来的启示.体育文化导刊,2005,1:66～67.

⑥ 出雲輝彦.日本の国際競技力の推移と競技力向上策を巡る諸問題.体育スポーツ政策研究2003.12(1):15～26.

⑦ 崛繁,木田悟.スポーツで地域をつくる[M].東京:株式会社三陽社,2007.7:95.

体的名义性和政治的实质性给予了详细分析，为我们深入理解日本体育管理体制研究提供了参考。[①] 这也是理解日本体育管理体制的重要依据，表明了日本体育之大众体育和竞技体育一体发展的特点。

日本学者对于日本整体的国际比赛成绩的分析还是比较少的，主要原因在于：一是日本人的研究比较细微和分散，从事一个共同研究方向的人非常少。二是考虑的角度不同。比如，社会学家站在整个体育发展的角度，而体育学家则注重单项或某一方面成绩的提高，而政府决策讨论机构则不以研究为主，或者以为日本竞技体育的成绩与日本在科技、经济方面取得的成绩悬殊、缺少研究价值，等等。但是本研究以竞技体育为中心，其成绩是必须进行分析的一个重要部分，它能够最直观、最直接地说明日本竞技体育发展的状况，结合其体制及体制下的政策进行研究，将可令人对日本竞技体育管理体制的基本特征有一个相对客观的把握。

日本某大学图书馆

小 结

经过分析国内学者与日本学者的资料，对日本体育体制的基本特点我们可以总结出以下几点：

第一，在竞技体育的价值取向上，日本体育的管理者们对竞技体育基本与世界各国有着共同的认识，也就是说，都认为竞技体育在提高国家的政治功能上有着重要的作用。每一个有能力发展竞技体育的国家，大部分都想通过提高本国的体育运动成绩来提高国家的影响力和国家形象，在这个认识基础上，各国广泛

① 藤田紀昭.日本体育協会の政治性に関する研究.体育・スポーツ社会学研究 7.体育・スポーツ社会学研究会 1988.10:35.

而深入地开发体育的各种功能,比如提高体育的商业价值、提高青少年的体育认识、以体育明星带动体育教育等等。在此共同的认识基础上,各国实现体育价值目标的途径却有所不同,或者说,因为具体的价值取向有所不同而导致实现方式和政策有所不同。

第二,从体育的管理特点上来看,日本体育应该是以政府管理为主的政府与社会体育组织的结合型,但这样一句概括并不能充分表现出日本体育的特点。受日本历史上的军国主义和独特价值取向的影响,其集权政治是比较明显的特征,所以日本体育管理也必将偏向于政府主导。国家的文部省通过体育协会、奥委会实现着体育的价值和功能,日本体育协会和日本奥委会则具体地承担着国家体育事业操作层面的任务,实施着体育振兴计划中的政策,以促进青少年体育、竞技体育及社会体育乃至终身体育的发展。在组织方面,全国各体育组织、运动团体执行着体育的管理事务。

从日本体育实际运行的状况来看,日本体育管理属于政府主导下的政府与社会合作型管理模式。所谓的政府与社会合作,应该看其中政府主导的成分大小,而日本社会体育也在政府有方向性的指导下不断发展,所以日本体育属于政府主导下的政府与社会合作型。对社会中的各种体育成分,各国有各自不同的分类方法,比如在我国受众最多的是竞技体育、学校体育、大众体育等划分法。在日本,这三种类型也都存在,同时还有其他的划分形式,如竞技体育、大众体育、学校体育、企业体育、职业体育、观赏体育等。从其制定的政策、管理的部门、学者研究的方向来看,日本的各种体育形式结合得非常紧密,其位于国家层次的最高体育领导机构是文部省,文部省所辖的体育·青少年局在特定的法律、制度的规范下,规划、制约着全国各种形式体育事业的发展。

第三,从具体的执行手段来看,在加强宏观管理的同时,将具体的执行工作交给社会上广大的体育组织是日本体育管理的主要特征之一。各大学体育院系、企业俱乐部在提高竞技体育的运动水平上发挥着直接的作用。不同的竞技项目、不同的运动团体在运行方式和运行水平上有所不同,事务性的体育管理工作由日本体育协会和日本奥委会承担。贯彻政府(文部省)体育政策的是日本体育协会,它主要承担培养社会体育指导员、举办国民体育大会、开展体育科学研究、推动青少年体育的开展以及进行国际体育交流等任务,日本奥委会的主要任务则是为参加国际大赛作准备、选拔和训练优秀运动员等。就部分有广泛群众基础的项目来说,对其中具有最高水平的,文部省甚至会直接参与一些管理。

第四,从日本体育发展的历史来看,日本体育经历了三个高峰期,也有三个低谷期,三落三起,从某种意义上反映了日本体育政策和社会变革的措施,其经验和教训都有着较大的研究价值。

第二章　研究方法

科学研究的过程是认识世界和改造世界的过程，而在这个过程中，方法是打开这个过程之门的钥匙。在研究方法的确立过程中，方法论基础是指导一种研究思路的基本思维起点，它是在理论层次上对研究思维起点的分析，是指导具体方法的选择、论文整体设计、研究论点论据与论证的理论基础。

科学的起因在于人们探索自然、解析自然、改造自然的过程，在这个过程中，人们需要以客观存在的事实去证明某种认知的真伪，或揭示社会现象，或寻找事物的规律。在讨论科学方法的时候，就必须先从笛卡儿说起，他的《方法论》（也有人译为《论方法》）应该是“科研方法”这四个字的起点了。笛卡儿在其《方法论》中提出的第一条就是“怀疑一切经典”的理论，而社会现象的产生必然有多种力量促成，我们在分析其原因及规律的时候往往需要从多个侧面去观察，这也是笛卡儿的方法论第二条的起因，把需要解释的问题进行分解，分解成若干个小问题，再逐个解决。所以科学方法首先来自于发现问题，这个问题包括对社会现象、社会规律以及过去、现在与未来的感知；其次来自于分解问题，分解问题的过程就是从多个角度去观察现象、总结规律的过程。分解问题以后，把分解出来的小问题逐个解决，最后总结分析，看看原来的问题得到了什么样的解决。这样一个过程基本囊括了科学方法的本质。

研究是追求真理的过程，是科学方法的实施过程。在这一过程中，研究者广泛地进行调查取证，对事物深刻地进行思考总结，使事实和原理从模糊状态变得清晰起来。自然科学的方法是在严格的数据计算的基础上得出绝对的答案，这样一个绝对的答案也建立在一定的误差范围之内，这就如同一辆汽车的螺丝，在误差几微米之内便可以达到多少年的使用寿命。社会科学如经济、政治、法律、道德、宗教等，往往遵循的规律是得到一个答案的区间，而大多数对于人的研究都没有绝对的精确，所以由人组成的群体、社会所产生的现象与规律也都是在一定的时间、空间内存在。科学方法的实施过程中存在着更为广泛的历史的纵向与现实的横向空间，系统的思维掌控过程与严密的逻辑推理过程就变成了社会科学研究的重要取向。因此,社会科学的研究方法实质上就是思维的系统方法与逻辑的推理方法。

第一节 研究的方法论基础

所谓方法论基础上的思维的系统方法,就是社会科学研究的一个研究目的与研究对象的确立,然后对所研究问题的分解过程。逻辑的推理方法就是对分解以后的问题进行考证,看看分解是否合理、如何去论证、能否达到研究目的的过程。社会科学的研究方法往往会成为社会学家讨论的重要问题,其原因在于所讨论的研究方法并不在同一层次上。在方法论高度上的系统与逻辑方法,具体到每一个不同的学科、不同的研究问题,又有着具体的研究方法,笔者认为称之为研究技术更为准确而合理。

研究任何一个课题可能有多种技术,其必有一种或几种技术适合或比较适合自己的研究,任何一种技术在解决不同问题的时候应用起来可能有所不同,而研究技术遴选与应用应该由本学科研究方法历史、研究方法本身的特点、研究项目的特点、研究的目的、研究的条件与环境、研究者的研究思路所决定。

日本某高尔夫球场

一、辩证唯物主义与历史唯物主义理论

辩证唯物主义的对立统一、普遍联系和事物的发展变化的理论是指导本书研究思维的主要出发点之一。竞技体育是体育的一个分支,而体育是社会文化的一部分,又跟社会的政治、经济、文化联系在一起,它们相互影响、相互作用而形成一个整体,在相互作用的过程中产生的问题以对立统一的形式存在。体制

包括了结构和结构之间的联系，建立一种体制是形式，而这种体制下的运行机制是内容，体制为了达到良好的运行状态而制定政策，运行的方式是为解决社会存在的问题而服务，并在解决问题的过程中不断发展变化。运用辩证唯物主义的方法、理论对日本的竞技体育管理体制的发展过程进行分析，分析其与社会现象之间的联系，分析其政策及运行的方式，对我们深入了解日本竞技体育发展的状态有着重要的意义。

在历史唯物主义诞生以前，人们总是从神的意志、卓越人物的思想或某种隐秘的理性，即从某种精神因素出发去解释历史事件，说明历史的发展。其结果不是曲解人类史，就是完全撇开人类历史。历史唯物主义以观察社会历史的方法，在实践中寻找客观存在的真理，认为只有从那些客观存在的现实去考察社会活动，才能站在现实历史的基础上描绘出社会事业发展的真实过程。历史唯物主义研究的是社会发展的一般规律，它着眼于从总体上、全局上研究社会的一般结构和一般发展规律。有了历史的观点，我们在看待、分析和处理问题时就会更加全面、更加客观、更加符合实际、更加接近事物本身的客观规律。因此，分析日本的体育管理体制，需要从历史唯物主义的理论出发，从日本体育发展的历史中寻找其基本的脉络，研究其发展过程的基本性格。

二、系统理论

系统论的观点认为社会是一个大系统，体育是社会系统的有机组成部分，体育与社会其他组成部分相互制约、相互影响，存在密切关系。在体育系统中，同样也存在相互依存、互相影响的子系统。因此，要对日本竞技体育发展进行研究，必须全面分析日本体育改革与发展的社会和时代背景，深刻地解析体育与社会其他领域的相互影响以及体育子系统各部分间的相互关系，同时分析在发展过程中的特殊事件，这个特殊事件是指对日本竞技体育发展产生过重要影响的事件，把其发展过程当作一个完整的系统，把特殊事件作为影响这个过程系统发展的元素进行分析，以求准确地判断其产生的原因及形成的影响。

从系统理论来看，本研究所涉及的系统包括两个方面：一个是竞技体育结构系统，一个是竞技体育发展系统，这两个系统从横向和纵向两个方面组成了日本竞技体育的全部状态。系统理论是我们理解日本竞技体育全貌的重要理论基础。

日本昔时运动会场景

资料来源:http://2008.qq.com/a/20080321/000246_5.htm.

三、结构功能主义理论

社会学自1839年从孔德的实证哲学体系中诞生以来,就一直在不停地探索社会良性运行和协调发展的条件和机制,从而产生了形形色色的社会学理论流派。在诸多社会学理论流派中,结构功能主义对西方社会产生了较大的影响。结构功能主义源于孔德和斯宾塞的社会有机体思想,经过学者们近百年的不断探索,到当代美国社会学大师帕森斯那里,已经构筑起了一套庞大的社会行动理论和结构功能分析方法。20世纪40～60年代,它作为最具影响力的社会学理论,已成为社会学研究的主流理论,也是美国社会学知识输出的主要内容,而其中的结构功能分析方法至今仍不失为一种有效的分析途径。

作为一种关注社会宏观层面的社会学理论,结构功能主义认为社会是具有一定结构或组织化手段的系统,日本竞技体育作为一种社会现象也好,社会事业也罢,其在结构功能上的特点的分析与评价将是我们认识日本竞技体育的基础。事实上,日本竞技体育的各组成部分以有序的方式相互关联,并对体育的整体发挥着必要的功能。整体是以平衡的状态存在着,任何部分的变化都会趋于新的平衡。也就是说,竞技体育是日本体育的一个部分,其在整个体育事业中的地位与作用以及与其他体育形式的相互影响对于体育这种社会文化的稳定和平衡发挥着至关重要的作用。所以,这一理论非常强调社会现象的一体化,强调社会制度、规范及角色的功能。

四、社会变迁理论

社会变迁理论是一切社会现象发生变化的动态过程及其结果。在社会学中,“社会变迁”这一概念比社会发展、社会进化具有更广泛的含义。社会学在研究整个人类社会变迁的同时,着重于对某一特定的社会整体结构的变化、特定社会结构要素或社会局部变化的研究。

本研究认为,体育事业的社会变迁是以渐进、适应的方式进行,或是以突然、革命的方式来实现的。但有时看似剧烈的变化,实际上只是极大地影响了社会上层建筑,而社会和文化基本结构的核心要素则大部分未动。变迁主要来源于系统对外部的适应过程、结构和功能的分化过程。促进社会整合的最重要和最根本的要素是价值共识,即在整个社会和文化结构之下,存在着特定社会系统的绝大多数成员同意和肯定的目标和原则。价值系统不仅是社会整合的最深刻和最重要的来源,而且还是社会—文化系统中最稳定的因素。

体育结构的变迁主要体现在两个方面:一是体育功能性结构的变迁,表现为为了满足人们生存和发展的需要而进行的各种政治、组织、制度等结构要素的分化和组合。二是体育价值取向和生活方式的变迁。社会价值取向的变迁主要通过人们的行为规范和思想体系表现出来。人们的社会活动都是程度不同地在价值取向指导下发生的。因此,体育价值取向的变化也往往成为整个体育变迁的先声。

第二节　研究技术

一、文献资料

本研究着眼于日本竞技体育,文献资料法是首选的方法,通过前人的研究,可以较为高效地把握日本竞技体育发展的脉络以及影响日本竞技体育发展的因素。

国内资料来源于国家图书馆、北京体育大学图书馆、北京大学图书馆等国内图书馆的馆藏图书资料以及CNKI等网络期刊资料,从中国知网以“日本+竞技体育+体制”进行三层排除搜索,检索到记录8条,符合研究条件的有4篇,以“日本竞技体育”为主题词,模糊匹配检索到记录128条,对本研究有参考价值的有4篇(同上4篇),载于核心期刊的有2篇。以“日本体育”为主题词,精确匹配,查询到硕士、博士论文数据记录2篇。同时,笔者在赴日本留学期间,通过至学馆大学图书馆、日本体育大学图书馆、日本体育协会资料中心、日本文部省网站、日本体育协会网站、日本奥委会网站等收集了有关日本体育体制、竞技体育的不少资料，为本研究提供了基本的研究素材。

笔者大量查阅了日本的历史、体育史资料，力求寻找日本体育管理体制形成的脉络，并对其发展的不同阶段进行联系和比较，弄清其实质以及由此产生的问题；同时，笔者还查阅了日本有关体育的政策法规，分析了日本竞技体育发展的导向及详细方策。问题的出现总是有它的根源，需要弄清它的来龙去脉，详细梳理日本竞技体育体制改革和政策制定的进程和政策的内容。为此，笔者查阅了有关日本竞技体育的其他资料，综合分析了对日本现代竞技体育的评价观点以及影响日本现代竞技体育发展的重要因素。总之，本研究力求能够完整、清晰地反映出日本竞技体育体制的发展状态，在此基础上，结合实践中的具体情况，对日本竞技体育的改革和发展进程深入进行分析。

二、访谈调查

访谈法能够经济快速地了解到日本体育管理体制的运行状况，从直接参与日本体育政策制定和实施的行政人员和专业教师口中，可以更深刻地理解众多政策、材料和实施情况的主体。通过组织头脑风暴的小型会议，讨论能反映出日本竞技体育体制的基本问题，并对所研究的问题进一步进行论证和梳理，拟订访谈提纲，通过直接和间接采访有关专家学者、工作人员、教练员与运动员等，获得有关日本竞技体育体制的资料和研究思路，了解日本竞技体育发展的方向与关注的重点，并针对所研究的问题征求专家意见，进行间接的取证与分析。表 2-1 为调查时被访谈的主要有关人员情况。

表 2-1　　被访谈的主要有关人员情况

姓名	职务职称	方向	访谈时间
山本××	至学馆大学副教授	日本近代史	2010 年 4 月
新井野××	爱知大学教授	体育社会学	2009 年 12 月
张××	至学馆大学副教授	产业与经济	经常
小林××	日本体育协会指导者育成部部长	教练员培养	2010 年 8 月 9 日
西村××	日本奥委会选手强化部部长	运动员强化训练	2010 年 8 月 10 日
塙×	日本手球国家级教练员、至学馆大学副教授	体育社会学	经常

三、逻辑分析

在收集相关资料的基础上，笔者对这些资料进行整理与逻辑分析，并对日本竞技体育管理体制进行理性审视。同时，采用比较、归纳、演绎等逻辑分析方法，对资料进行系统分析，得出研究的结论。通过介绍和阐述日本体育管理过程中的各种现象并进行分析和梳理，总结日本竞技体育的性质及其特征。

四、实证分析

实证分析研究的是事物的客观规律，规范分析研究的则是价值的体现。想象中关于世界客观性的论述和对世界带有主观性的描述之间的区别，共同组成了实证分析和规范分析的条件。本研究运用日本竞技体育体制产生的效果作为实证，分析日本体育组织管理及运行过程的特征；通过对都道府县的政策运行实践来进一步研究其在管理过程中所采取的措施和手段；针对复杂、庞大的体育管理组织体系，在区域层面上选择了爱知县作为代表，通过透视日本体育管理组织体系中的个别现象，剖析日本体育管理组织体系实施的过程。

第三章　日本竞技体育价值取向的历史分析

价值取向指某些价值观成为一定文化所选择的优势观念形态，或为个体所认同并内化为人格结构中的核心部分。人们所处的自然环境和社会环境，包括人的社会地位和物质生活条件，决定着人们的价值观念，价值观念一方面表现为价值取向、价值追求，凝结为一定的价值目标；另一方面表现为价值尺度和准则，成为人们判断事物价值的评价标准。体育价值取向是人们对体育的认识与价值理解的表现，占主流的体育价值取向会对国家和社会的体育发展目标、形式起到一定的引导作用。

在人类发展的各个社会形态中，只有原始社会没有国家的概念，所以说，国家的产生意味着人类社会的进步。任何国家的价值取向受制于其发展的历史阶段、生产力发展的水平、经济政治文化发展的阶段和水平以及其所处的政治经济环境，如果说，中国由半殖民地半封建社会向社会主义社会的转变条件下的价值取向缘于中国人的一个“强国梦”，那么也可以说，世界上的每一个国家都在共有着不同程度、不同条件的“强国梦”。换句话说，每一个国家、每一个国家的决策者和领导者都责无旁贷地要担负起富民强国的责任。在旧的社会制度中，为扩大领地、争夺食物，各国政府往往把这种强国的形式付诸战争。随着社会文明的进步，特别是随着和平与发展成为世界的主题，国力的强弱、国家的政治经济水平往往通过多种文化形式表现出来。竞技体育本身所具有的竞争性也就成了证明一个国家力量的重要工具之一。

一个国家对体育的价值取向，必然受传统的思想文化的影响，其价值取向的形成不是一朝一夕之事，因此，要理解日本竞技体育的价值取向，首先需要从日本体育发展的历史中探求其国民对体育本质的认识，以及在特定社会条件下社会变革对体育价值取向的影响。体育在不同时期的作用不同，其对社会影响的角度和方向也有所不同，所以，人们对体育的价值取向和价值认同也会随着不同历史阶段的变化而有所变化。竞技体育只是整体体育的一个分支，但究其实质，各种体育形式都含有竞技的成分。而一个国家整体体育发展的价值取向对竞技体育的内容、形式和价值取向起着直接的影响作用。

第一节 明治维新前后的体育价值取向

体育的发展总是和政治、经济、文化联系在一起的，特别是在国家和社会重大的变动和改革时期，这一点表现得更为明显。明治维新是近代日本发展的分水岭，在这一点上，众多学科的学者都有着共同的认识。欲探求现代日本的竞技体育价值取向，从日本的明治维新开始是非常有必要的。因为：第一，明治维新是联系日本新旧社会的重要转折点。第二，它推翻了日本的封建制度，建立了资本主义制度。第三，对日本而言，明治维新的成功是日本由落后走向先进的标志，目前日本社会的价值取向在很大程度上是从明治维新开始的。

明治维新之前的幕府时代在日本被称为“黑暗的幕府时代”，也是日本封建社会的晚期。在幕府末期，西方许多国家的商人和政客来到了亚洲，发现了这一片封建的文明土地。这些商人和政客试图从这块土地上获取经济文化资源等方面的利益。那还是一个以战争作为解决问题的最终手段的时代。幕府的大臣在与一方面西方国家的交流中感受到与西方强国在国力方面的差距，另一方面也越来越感觉到潜在危机。因此，幕府为了加强自己的统治地位，首先意识到的是建立一支强大的军队，以强兵治国。在这样一个基本的认识基础上，日本政府考虑到的是借助西方的士兵训练方法，训练自己的军队以增强士兵的战斗力。这样，一个从军事开始学习以西方体育为内容的训练方法的时机就逐渐成熟起来。

1856 年，幕府设立了“讲武所”，讲武所设立的目的不仅仅是为了“讲武”，而且还为了专门地研究西方的军事训练。为了更好地了解西方，讲武所教授荷兰的士兵操练方式，又翻译英国、法国的训练教材，可是实践了一段时间以后幕府感觉这样似乎不能达到预期的效果，或者觉得从书本上学习有许多困难，于是 1867 年幕府直接从法国引进了一批教官。1 月 13 日，以查尔斯(Charls Chanoine)参谋为团长的 15 人法国教官团抵达日本，后来教官人数增加到 19 人[①]，到了 1872 年(明治五年)，幕府又从法国第二次引进 16 名军事顾问(以 Charles Marquerie 为团长)，开始对日本军队的步兵、炮兵、骑兵进行完整的西方式训练。这两次引进法国教官是西方体育思想进入日本的开始。值得一提的是，第一次引进是在明治维新之前，而第二次是明治五年。所以从某种意义上说，日本明治维新的主要标志是学习西方，而学习西方是从体育开始的，具体来说，是从军事体育开始的。

---

① 大久保応哲．近代日本体育の形成における幕末フランス軍事顧問団の影．体育学研究，2009，54：1～14.

体育雕塑

资料来源：http://i00.i.aliimg.com/img/pb/914/984/495/495984914_212.jpg.

近代竞技体育的项目主要是现代的奥运项目，大多是以西方的项目为主，在19世纪末期，这些西方的体育项目逐渐在世界范围传播开来。西方体育传入日本开启了日本竞技体育发展的萌芽时代。准确地说，日本是在明治维新前后以体育为起点开始学习西方文化的，而正式进入明治时代后才开始学习西方的先进技术。所以，直到现在，体育作为日本学习西方文化的开端而备受整个社会的重视。当社会不同阶层共同关注一件社会事物的发展时，这件事物就会位于讨论与争鸣的中心位置，这也为日本体育曲折而不凡的发展埋下了伏笔。

19世纪中叶，日本四强藩合兵在伏见·鸟羽战役中战胜幕府军，末代将军德川庆喜被迫奉还大政于明治天皇，从此，日本正式迈入了资本主义社会。明治维新剥夺了封建武士阶层的特权，打破了旧的封建秩序，开创了新时代，无论在日本历史还是世界史上都具有深远的影响。明治维新是日本历史上的一次政治革命，也是日本历史的重要转折点。需要指出的是，日本此时的资本主义制度并不是完全意义上的资本主义，其社会主流的价值取向是“为天皇服务”的，所谓的资本主义道路，其在真正意义上是学习西方资本主义的技术革命。德川幕府被推翻以后，大政归还天皇，政府在政治、经济和社会等方面实行大改革，促进了日本的现代化和西方化。日本遂以“富国强兵”为口号，希望建立一个能同西方并驾齐驱的国家。为此,明治政府首先采取“奉还版籍”“废藩置县”的措施,结束了日本长期以来的封建割据局面,为建立中央集权国家和发展资本主义经济奠定了基础。此后,明治政府实施了富国强兵、殖产兴业和文明开化三大政策。富国强兵,就是改革军警制度,创办军火工业,实行征兵制,建立新式军队和警察制度,它是立国之本;殖产兴业,就是引进西方先进技术、设备和管理方法,大力扶植资本主义的发展;文明开化,就是学习西方文明,发展现代教育,提高国民知识水平,培养现代化人才。

以上三条政策之中,强兵政策居首,这也为军国主义埋下了伏笔。1871 年,明治政府派出以右大臣岩仓具视为首的大型使节团出访欧美,考察资本主义国家制度。在“富国强兵,殖产兴业,文明开化”的口号下,政府积极引进西方科学技术设备,招聘外国专家,派留学生出国学习,培养高级科技人才。在体育方面向西方深入学习,在幕府时期引进法国教官的基础上,1872 年第二次引进法国教官,设立了陆军学校和海军学校。这两所学校的成立,其实并无现代学校体育的影子,其发展的只是军事体育,在军事体育的基础上组织比赛,随着比赛范围和规模的扩大,慢慢进入日本近代竞技体育比赛的萌芽时期。

明治维新是日本正式推进军事现代化的开始,也是正式学习西方的开始。此时的体育改革大部分是“体操”的改革。海军学校聘请的英国海军顾问团团长提出了举办比赛的主张,1874 年举办了学校之间的“竞斗游戏会”,这应该是日本近代运动会最早的形式,也是近代日本竞技体育的萌芽。明治维新初期的学校体育基本上是空白,虽然成立了陆军学校和海军学校,但其主要目的还是为强军服务。明治十年,美国人乔治(George Adams Leland)选定轻体操在日本全国进行普及性推广,这是日本明治时代学校体育改革的开始。1878 年(明治十一年),为了发展学校体育,日本各地开设了体操讲习所,学校体育慢慢被重视起来。当时学校体育的名称很多,如体术、体操科、身体操练等等。但事实上,此学校体育讲习所与步兵操练科紧密联系,所以,教学中所用的内容也都是步兵操练科的内容,学校中展开的体操教育全是从法国学的兵式体操,所以明治十年后的学校体育都保留着兵式体操的形式,直到今天,学校体育中还能找到兵式体操的影子。

近代的体育传播有军队、学校、教会等几个主要途径,而因传播途径的不同,其形式和效果会有所不同,也会因此而形成不同的体育文化和价值取向。西方体育传入日本首先是从军队传入的军事体育,而且在日本明治初期的很长一段时间内,军事体育就是主要的体育形式。所以,这个时期的日本体育就带上了强烈的军事色彩,军事的思想观念就占据了体育价值取向的主流。这种军事色彩的价值取向有助于竞技体育发展,主要表现在两个方面:一是严格的纪律性;二是强烈的胜负意识。这两条在训练和比赛中是极其重要的。日本在接受体育传播的同时能在潜意识里形成这样的传统，为之后竞技体育的发展打下了良好的基础。当然，军事思想中过分强调集体性而忽视个体能动性的发挥也会对竞技体育某些项目的发展起到负面作用。

进一步分析这一时期日本体育价值取向的变化，可以说，这是西方体育价值取向与日本传统体育价值取向冲撞和融合的时期。随着明治维新后日本各方面改革的不断深入，西方越来越多的体育项目和体育思想也逐渐传入并发展起来，不同项目、不同规模的运动会也逐渐开展起来。此时运动会的名称各异，如竞斗会、游戏会、竞技会，还有单项的比赛如棒球、垒球等。从竞技的形式上看，此时日本开展的项目有西方的高尔夫、棒垒球、各种田径项目，还有日本本土原有的击剑、柔道、武术等。在西方体育的训练和练习之中，西方体育文化也被赋予了日本特色而逐渐发展成为日本现代体育文化并传承下来。日本传统文化中的体育精神有“战斗的实用性”的成分，而西方体育的娱乐性、非实用性和竞技性的本质与日本的传统混合发展，加上枪炮火器的发明，使得武术的实用性价值降低，慢慢就演变出一种新的“军事体育”思想。从名称上看也发生了一些变化。比如当时的日本人把“剑术”改为“击剑”，并组织“击剑会”，将原来许多传统的、与军事无关的项目和思想改编成近代军队所需要的思想和运动形式。从某种意义上说，这些也为军国主义时代的日本打下的一个伏笔。所以，有学者认为，明治时期的许多改革都是为日本后来的帝国主义侵略做准备的。但也有学者认为，明治维新中期本来是日本体育发展蒸蒸日上的时期，只是后来被军国主义分子或利用或改变了。

东京足球场(2010)

第二节 战争时期的体育价值取向

明治维新的改革使日本的军事力量大大增强，于是日本主动发动了日俄战争、甲午战争并均取得了巨大的利益。这两次战争使得日本当时的统治者产生了强烈的侵略倾向，并顽固地树立了帝国主义的思想。1889 年，日本颁布帝国宪法，规定所有的教育都以效忠天皇为目标，所有的体育以强兵为宗旨，所以在这个时期，整个国家体育中军事体育的成分越来越重，并作为绝对的主体发展起来。

在这个时期，运动会、竞技会基本上以战争模拟的形式进行，即模仿军队作战，举行游泳、行军、剑术、射击、兵式体操等各种各样的技能大赛。学校基本上就成了部队的"预备役"。1939 年，国家制定了青年的体力标准，涉及项目有 100 米跑、200 米跑、跳远、手榴弹掷准、货物搬运、悬垂、游泳、行军等等，规定 12～19 岁的青少年必须接受体育训练并达到标准，随时做好上战场的准备。体操科也变成体练科，目的就是锻炼身体上战场。至此，一个典型的军国主义国家就正式登上历史舞台了。

在日本传统中，有一个占有非常重要历史地位的思想就是"武道"和"武士道"精神。武道是武术本身的伦理道德，而武士道则特指从日本武士阶层中发展起来的一种价值理想。武士道源自中国的儒家思想，在日本的江户时代盛行起来，是武士教育的基本道德规范，包括五伦、五常，其含义基本相同。五伦是君臣之义、父子之亲、夫妇之别、兄弟之序、朋友之信；五常是仁、义、礼、智、信。明确地提出"武士道"教育五伦、五常的是山鹿素行。他在其语录《山鹿语类》(1665)第 21 卷中提出，作为一名武士，应该遵守的是保持自觉、意志明确、修养道德、磨练才能、明辨善恶、正视威仪、行事谨慎。这样习武之人才能在武艺和武德上都有造诣。在日本有名的赤穗战争中，赤穗城主浅野长矩在与吉良上野介央进行搏斗时受伤，不愿死在对方刀下而剖腹自杀，为其报仇的 47 名下属奋力战斗，最后集体剖腹自杀。这件事对武士道精神的发展有着很大的意义，整个知情的人都被这种行为感动，这也被作为武士的最高忠义的道德典范传播开来。后来有一名叫叶隐的武士对武士道精神进一步进行传承和发展，使武士道精神成了日本传统文化的主流价值取向之一。

但是，在军国主义时代，传统的武士道精神也把内涵的武道去除，统治者片面利用武士道中的"忠"而去除了"义"，从而使之成为统治者有效行使军事力量的精神工具。

体育的发展虽然受到政治经济文化的重要影响，但其在一定的社会环境下又会形成独立的发展特点和价值取向。从明治维新开始至日本帝国主义的战败，体育在这个发展过程中是一个重要的组成部分，军事体育又是这个时期体育发展的主流，竞技体育也以军事体育的形式存在并发展着。从另一个角度来看，可以说此时日本的体育是政治和军事的工具，但这些都随着二战日本的失败而消失。在这个时期，竞技体育在军事体育影响下形成以下几个主要价值理念：一是等级理念；二是胜负理念；三是纪律理念。这些理念在不同条件下的作用强度不同，就会产生不同的效果。军队严格的等级制度造成了体育训练严格的等级理念，在适当的强度下，可以表现为运动员传帮带作用的发挥，而这种作用强度如果过大，就会导致运动主体丧失主动性而只有服从命令听指挥的机械接受。同理，竞技体育本身也是追求胜利的，适度的胜负观念肯定会促进运动员训练的积极性，但强度过大就会引发运动员不择手段、唯求获胜而不敢面对失败的消极心理。从以上的分析来看，此时的日本体育显然属于后者，它虽然具备了竞技体育发展的条件，但其实质则是军国主义强兵的工具，其外在的表现形式如运动会、竞技会、平时训练积累的经验都随着日本的战败而消亡，其内在的价值理念也随着日本战败而逐渐削弱。但削弱并不代表消除，当战争结果把日本置于一个没有国家主权、不能独立自主的境地时，政治经济不得不另起炉灶、重新开始，但文化与价值的认同留下来了，至少也是只能以渐进的形式发生变化。

第三节　二战结束后的体育价值取向

1945 年，第二次世界大战结束，世界反法西斯同盟获得胜利，日本当时还想坚持原有的天皇制度，但是战败以后基本上丧失了主权，被美国占领以后，已经没有了自己选择体制的自由，被指令实行三权分立制度，走非军事化、民主化的道路。于是，三权分立制度成了日本的政治制度，民主、非军事化的思想也在日本渐渐地生根发芽。对于日本来说，这可以说是机遇与挑战并存。在日本体育会的议事会中有人这样说：“1945 年的战败，对体育界来说是迎来了崭新的黎明。为战争而设立的各种组织立刻被取消，各项目的体育协会和体育联盟重新发展，大都成为大日本体育协会的分支组织，青少年的思想有了新的方向，仿佛污浊空气里注入了一针清凉剂。”[①]许多专家学者开始批判日本的军国主义、胜利至上主义的思想，呼吁民主化、大众化的体育发展道路。但是这种民主化的进程是不彻底的，因为此期间发生了一个重大事件，就是中国战争形势的巨变。1947 年，美国为支持蒋介石打内战，对日本的态度来了一个一百八十度的转折，

① 昭和 21 年度事業概要報告書．大日本体育会，1947 年評議員会議事録。

一改战时的敌对态度，组织专门的使节团帮助日本进行战后重建，并在日本设立军事基地。在当时，美国就是要联合社会主义的敌对力量，以形成反共阵营，这样一来，在日本维持一定的国家主义就成为一个重要条件。

所以，战后的日本在思想和理论上陷入非常矛盾的状态。败战初期，部队被解散，战犯受到处罚，所有国家主义的东西一扫而光，政府开始进行彻底的民主主义改革，并且在许多领域已见到初步成效。但是，本来此时建立民主主义国家的理论基础与实践经验就不扎实，加上 1947 年美国突然转变态度，帮助日本进行重建的同时对日本国家主义的思想进行了一定程度的强化，所以直到现在，日本的学者也在进行着这方面的争论，国家主义和民主主义的矛盾依然存在。

日本被指令发展为非军事化、民主化的国家以后，国家的各个方面必须重新构建或恢复，所以，政治、经济、产业、劳动、教育等方面的改革波及全国。体育方面，首先废除的是军事类项目，如军舰（当时的一种项目）、鱼雷、手榴弹掷准等，而代之以球类等西方体育类项目。但这些改革并不是由日本人负责，而是由占领军组成的教育使节团进行总体方略制定。教育使节团改革了日本学校体育的指导思想，提倡光明、同情心、尊重他人、重视礼仪、诚实正义等进步的社会性格教育，把体练科改为体育科，日本体育由此进入一个崭新的发展阶段。

与此同时，日本国土一片废墟，政治经济的状况极其困难，内忧外患重重，日本体育何去何从，成为日本体育工作者们广泛考虑和争论的问题。各种认识、各种矛盾也在此时表现出来，如艰苦的政治经济状况与体育事业发展之间的矛盾、原有的军国主义体育思想与现实状态之间的矛盾、新的体育价值取向认识与现有的体制条件之间的矛盾、富国强民的指导思想与对体育的价值作用认识不一之间的矛盾、发展的长期目标与短期现实之间的矛盾等等。一系列矛盾的存在也使得日本社会对于体育的讨论更加激烈。这些矛盾的解决与目标的达成，无疑是一个长期的过程，换言之，解决这些矛盾，也需要在过程中解决。建立系统的体育管理体制是居于首位的问题。从这个角度来看的时候，我们会发现，在实际发展过程中，二战结束后，世界各国都在寻求一条适合自己国家发展的内部体制和运行机制。国际体育组织也相继恢复或新建，和平与发展变成了世界的主题，许多体育的组织机构又恢复了战前的体制。在明治维新时期，日本学习西方就是从体育开始的，所以战后日本政府和社会对体育也非常重视，在逐渐解决这些矛盾的过程中使日本体育走上了良性发展的轨道。

此时日本体育价值取向的特点，在起初表现出来的是国家主义和民主主义的争论，但由于国际形势和历史经验既不允许其发展绝对的民主主义，也不可能让其发展绝对的国家主义，所以此时的日本社会对这个问题的争论没有明确的结果。后来，根据社会组织的不同责任而取不同的方向逐渐成为共识，加上社会文化中严密的等级观念，使得日本在发展民主主义过程中仍然保留了国家主义的影响。国际体育交流的现实也引导着日本的体育价值取向，求道主义、胜利主义、精神主义等与西方体育价值观念相结合的价值观念应运而生。这使日本体育价值取向呈现出一种散乱的状态。但是，争论大部分发生在管理层面和研究层面，对于执行层面来说，传统的文化理念仍然发挥着重要的作用，比如纪律观念、等级观念以及由此延伸出来的特殊的集体主义协作观念等。

东京岸体育馆(2009)

小　结

在日本的历史发展进程中，明治维新是非常重要的一个阶段，在世界历史上也有着举足轻重的影响。而体育的发展伴随着明治维新的进程，在某种程度上也引领着日本社会发展的方向，对日本体育价值取向的确立产生了深远的影响。说明治维新遗憾地将日本导向了军国主义也好，抑或说军国主义扼杀了明治维新的成果也好，历史只是给了我们这样一个答案：在明治维新到二战结束这一阶段，日本体育的发展与军事体育是联系在一起的，在传承了军事体育的精神价值取向的同时，也实现了日本文化与西方文化的初步融合。当西方文化在日本的土地上生根发芽以后，被赋予西方元素的日本体育以一种特殊的形态发展起来。这种特殊的体育文化使得日本体育的价值取向既有发展民主的、大众的体育观念，也有发展国家主义的体育观念，表现在竞技体育方面，就是以大众体育为基本的支撑体系，努力提高竞技体育水平，而究其目的，一则是为了发展现代的体育文化，二则是为了发展国家意识，这就成了日本体育价值取向的基本方向。

第四章　日本体育的管理组织结构分析

日本体育的体制，在战前与战后最本质的区别是战前实施的是命令主义，而战后实施的是法令主义。前者的权限是全部集中在“天皇”，不依据法律而依据天皇的命令；后者是以法律为基础建立起来的管理体系，而实施管理职能的标准也是以法律为依据。在此，本研究对日本体育的管理和组织结构作一介绍和分析。

第一节　国家或中央政府的竞技体育行政管理组织

一、文部科学省

日本中央政府中的文部科学省是负责体育事业的最高行政机关，担任着教育、科学、体育等的国家管理工作。文部省在网站的主页上明确了关于日本竞技体育振兴体制的规定：日本国的竞技体育，应由财团法人日本奥林匹克委员会、财团法人日本体育协会及各竞技团体各司其职、互相配合并协同发展。关于竞技体育的行政，在国家层面由文部科学省、都道府县层面由都道府县的教育委员会为中心，进行各种政策的计划、立案和实施。

二战以后，在美国占领军使者团的限制和指导下，日本建立了一系列法律制度来规范社会结构和社会行为。国家机关部门的设定与组织形式也有相应的法律规定，文部科学省的设置也不例外。1999 年，日本制定了《文部科学省设置法》，规定了文部科学省的机构设置及其运行的规则。文部科学省正是根据《文部科学省设置法》并按照依法行政的原则而设置起来的机构体系。《文部科学省设置法》明确提出了文部科学省担任着两个方面的重要任务：一是振兴教育事业，以推进终身学习为核心，培养有丰富人格的、有创造性的人才；二是发展文化事业，适当管理宗教事务，以振兴学术、文化、科技为目的，制定针对国家的教育、体育、文化、科技的基本管理策略和实施措施。在文部省设置法的讨论过程中，对于体育的一个主要论题是，体育既是教育的一个重要组成部分，也是文化的一种类型，所以应该由文部科学省统一进行管理。教育是社会发展的基础，学术、体育、文化、科技都是为教育服务的，这样才能形成一个良性循环的过程。只有社会文化的主要部分最大限度地为教育服务，教育才能实现自己的功能，再反作用于社会文化的各个组成部分，引领社会的学术、体育、文化、科技方面的进步。

日本文部科学省(2010)

根据《文部科学省设置法》，文部省担起发展体育事业的任务。2000 年，文部省下达了组织机构设置命令，规定体育事业由单独的一个行政局进行管理。这一法令把文部科学省分成了七个局，包括生涯学习政策局、初等中等教育局、高等教育局、科学技术・学术政策局、研究振兴局、研究开发局和体育运动青少年局，负责体育行政的局就是体育运动・青少年局(如图 4-1 所示)。体育・青少年局又下设五个科室，分别为规划体育科、终身体育科、竞技体育科、学校健康教育科和青少年科。

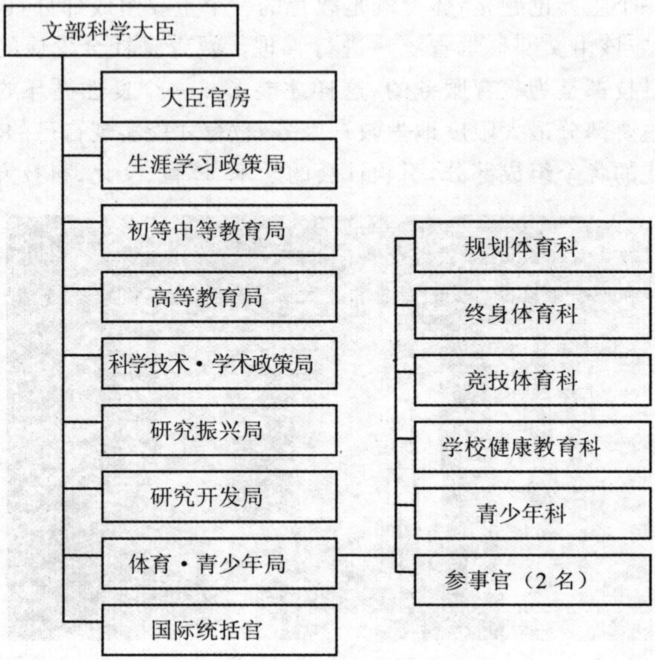

图 4-1 文部科学省组织机构

日本学者诹访信夫①等在研究中详细查阅了文部省的管理文件，把其与体育有关的政策记录了下来，如表 4-1 所示。

表 4-1 文部科学省担负体育事务记载内容

文件号	记载内容
1	有关体育振兴的计划、提案、援助和建议
2	有关为体育发展的帮助
4	有关公立及私立体育设施及青少年教育设施的准备指导和建议
5	有关公立及私立体育设施及青少年教育设施的补助
7	有关全国、国际规模的体育事业
8	提高竞技运动水平
9	体育振兴投票

① 諏訪信夫，井上洋一．スポーツ政策の現代的課題．東京：株式会社日本評論社，2008.4：51～52.

续表

文件号	记载内容
10	体育振兴有关的国际文化交流
19	推进体力的保持和增强
20	对地方自治体的有关机关进行体育专业的技术指导和建议
21	对教育工作人员、有关社会教育团体、社会教育指导员、体育指导员进行与体育和青少年教育有关的专业的技术指导和建议
32	社会教育的振兴计划、立案、援助和建议
33	社会教育的补助
40	学校设施和教育用品标准的设定
43	推进体力保持和增强
76	体育振兴的计划、提案、援助和建议
77	帮助体育发展
78	国家、国际体育事业的发展
79	提高竞技运动水平
80	体育振兴投票
93	对地方自治体的机关、大学、高等专科院校、研究机关及有关机关进行有针对性的教育、学术、体育、文化宗教等专业的技术指导和建议
94	对有关教育人员、研究人员、社会教育团体、社会教育教练员、体育教练员及其他有关人员进行教育、学术、体育、文化的专业技术指导和建议

从表4-1中可以看出，文部科学省负责的体育行政管理工作包括提高体育运动技术水平、教练员资格认定、教练员培养、运动员培养、体育科学研究、体育社会团体的组织、体育设施设备的建设、体育经费的支持等多项内容，显示出日本已经把体育作为文化与教育的一个组成部分看待，并重视文教体育的综合发展。从竞技体育的角度来说，提高体育运动的水平依靠源源不断的体育人才的培养，同时，竞技体育的发展也离不开社会的支持，引领社会的体育文化也是发展竞技体育的目的之一。文部省在对文教事业统一管理的同时，也设立了专门的体育·青少年局管理体育工作。

体育·青少年局是依据文部科学省的组织令的第十条进行设置的，这一条组织令把文部科学省所担负的任务进行了更细的分工。体育·青少年局在文部省的统一管理下，又依据《文部科学省设置法》分为了五个科。从这五个科的名称来看就能够基本看出其分担的任务。比如：规划体育科的任务是全国体育振兴事业的基本政策规划及其立案，也对体育・青少年局所掌管的事务综合地进行调整；终身体育科主要是发展和振兴国家的终身体育相关事业；竞技体育科则主要是提高国家的竞技水平、发展竞技体育事业、组织运动会参加奥运会、举办国民体育大会等具有全国水平和国际水平的竞技体育事务。

体育・青少年局不仅发展体育，而且还承担着青少年的一部分教育工作，把体育事业与青少年事业归于一个部门管理，也体现了文部省对体育与青少年关系的深度认识和高度重视。体育在法律中被规定为国民的权利，从体育的本质属性来说，其更属于青少年，让国民在青少年时代就与体育结缘，不论从身体发育角度来说还是提高体育运动水平来说，都有着重要的意义，是发展竞技体育、终身体育、学校体育等社会需要的各种体育成分的重要举措。

文部省关于体育行政设置的特点有这样几个：一是从结构来说分工相对比较明确；二是把体育与青少年联系在一起，因为青少年是体育最大的受众，体育也是培养青少年的重要组成部分；三是对体育的各种组织实行统一管理，便于组织协调；四是将竞技体育作为单独的方向提出，体现着国家层面对竞技体育的足够重视。

二、审议会

各个部门的审议会组成了政策的讨论机构，它们同时是具有法律资格的机构，也就是说，其报告经审议通过以后所形成的审议方案具有法律效力。文部科学省的总负责人是文部科学大臣，文部科学大臣的提案由文部科学省的审议会进行调查、审议和答复。审议工作是所有工作的中心环节，对事业实施的可行性和必要性的调查、具体方案等的最后实施都由审议会进行讨论决定。从审议会的层次上来说，在文部科学省所负责的范围内居于最高层次的是中央教育审议会。中央教育审议会本身分为体育运动・青少年、教育制度、终身学习、初等中等教育以及大学分科会等五个分科会。各分科会根据文部科学大臣的提案，对体育的振兴、教育的振兴、终身学习的推进等有关重要事项进行调查审议并对其进行答复。近年来的行政改革决定中央审议会对其他各分审议会负责调整和进行统一设置，这些分审议会包括保健体育审议会、教育课程审议会、教育职业培养审议会、终身学习审议会、大学审议会、理科教育审议会以及产业教育审议会等等。

保健体育审议会曾经是审议体育工作的重要组织，由 40 名委员构成，这 40 名委员是从各个分科会选拔出来的。2001 年中央审议会把终身学习审议会、理科教育及产业教育审议会、教育课程审议会、教职员培养审议会、大学审议会、保健体育审议会统一起来，直接行使审议职能。

国家在制定基本计划时，所有政令的制定预先要听取审议会的意见，这是日本《行政组织法》第八条的规定。体育振兴审议会依据《体育振兴法》的精神工作，由中央教育审议会和它的分科会之一——体育·青少年分科会确定。另外，各地方自治体在制定有关体育计划时，也要先听取各地方体育振兴审议会的意见。体育振兴审议会是关于体育振兴的审议会的合议制机关，都道府县必须设置，市町村任意设置。而且，体育振兴审议会除了制订地方计划之外，还要回答都道府县的教育委员会长官及委员的咨询，进行体育振兴重要事项的调查审议，并向都道府县教育委员会以及市町村教育委员会提出建议。

对有关体育法律进行立法审议时，其他省厅的代表也全部参加，各相关机构共同对体育振兴有关事宜进行讨论，向审议会提出调整建议。所以，实际上审议会制度是体育行政组织内部的机关，但是与各省厅的横向联系也特别充分。这些审议是体育政策决定过程的重要部分，要确保审议会具备充分的立案能力和民主运营方式。同时，审议会委员的构成和委员的选任方法，以及能否创造有效的机制以保证其能广泛地听取各团体、组织的意见，是审议会制度能否催生合理有效政策的重要影响因素。

根据 2000 年中央教育审议会规定的第五条，体育运动·青少年分科会主要审议的事项为学校保健、学校安全及学校食堂标准、青少年教育的振兴、青少年健康成长、体力的保持和提高、体育的振兴、《体育振兴法》、《体育振兴投票法》、体育振兴中心的独立行政法人、振兴投票业务的事业计划、资金预算计划、青少年教育团体的补助金交付计划等等，包含青少年的健康发展、体育竞技水平的提高、资金的补助方法以及有关这些事项的政策制定和实施等问题。

1.独立行政法人日本体育振兴中心

独立行政法人日本体育振兴中心是根据 2003 年独立行政法人《日本体育振兴中心法》设立的组织，是文部科学省发展体育事业的外围团体。日本体育振兴中心的主要业务是：国家体育场馆的运营，体育的普及和振兴，体育科学、运动医学、体育情报等方面的研究，为振兴体育而发起的振兴基金、振兴投票、灾难捐助及健康安全普及等。日本体育振兴中心的下级组织是国家体育科学中心(JISS)。

国家体育科学中心(JISS)是为提高日本竞技体育水平而设立的科学研究组织，是体育科学、运动医学、体育信息的中枢机关。国家体育科学中心分为四个部，即体育科学研究部、运动医学研究部、竞技情报研究部及运营部，这四个部门在互相协调的基础上开展各种各样的事业。而且，文部科学省把最高水平的运动员集中起来进行强化训练，训练时间依据项目性质的不同、项目水平的不同而长短不一，体育科学中心的建立与强化训练的国家训练中心设置在同一个地方，从距离上保证了运动员进行指标检测、心理辅导、医学监控等方面工作的便利性，同时，国家训练中心的教练员也从科学中心学习体育科学知识，提高教练员的科学训练水平，便于相互的沟通交流。

日本某足球强化训练中心(2009)

2.其他省厅对体育的协同管理

现在，日本体育行政的主要业务由掌握教育行政的文部科学省来承担，但与此同时，其他的中央各省厅也与体育行政有着密切的关系。比如，厚生劳动省承担着老年体育和残疾人体育的部分服务工作，经济产业省负责职业体育、体育产业、休闲娱乐体育的部分政策制定和活动开展。另外，国土交通省对国家公园、城市公园进行管理并制订场馆的安全标准，总务省策划体育推进事业的基地，环境省负责自然公园的体育设施准备和野外教育、环境保护等政策展开等等。在这样的条件下，各省厅密切配合进行管理。换言之，日本的体育行政实际上是由各省厅共同进行管理的，这一点从各部门对体育事业的资金投入上也可以得到有力的证明。1993年体育保健审议会曾经作过与体育有关的预算调查，对总务厅的报告进行统计，得出表4-2的数据。此表反映出体育在日本国民生活中的重要地位，也反映出了各省厅对体育工作的重视，同时，能够反映出各省厅在发展体育事业方面保持着横向联系。在日本体育行政组织的决策中，一个非常重要的特点就是广泛的横向联系和交流，在许多的文件政策的导向中，都提到了“协同发展”这个词，由此可见，全社会都关注教育、关注青少年、关注体育，把这些内容和形式“协同”起来，共同促进社会文明的进步和竞技水平的提高是日本体育行政的一个重要特点。

表 4-2　　1993 年日本政府各省厅在体育方面的经济预算

省厅别	预算额(千日元)	主要事业
总务厅	233574	推进提高国民体力事业
经济企划厅	19695	国民生活行政调整
环境厅	6327079	自然公园等设施整备,教练员培养
文部省	101743000	设施整备、教练员培养、组织育成、事业振兴
厚生省	74723647	设施整备、教练员培养、组织整备、事业振兴
社会保险厅	54482420	事业振兴
农林水产省	6436595	设施整备、事业振兴
通商产业省	113027	事业振兴
运输省	28714954	设施整备
邮政省	12117011	设施整备,组织培养
劳动省	9547977	设施整备、教练员培养、组织的培养、事业振兴
建设省	136519000	设施整备
自治省	(200000000)	设施整备
合计	430977979(200000000),()为计划外预算	

体育事业的发展反过来对各省厅所负责的工作也起到了重要的影响作用,逐渐形成了各省厅之间的新的关系。比如,20 世纪 70 年代,各地广泛建设公共体育设施,带动了建设省、运输省的发展;80 年代,体育产业发展起来,带动了经济厅的发展,体育商品的价值状况、经济活动如何规范等等都成为非常重要的国家事务。体育产业发展了,也就带动了休闲娱乐业的发展,这与劳动省有着很大的关系,随着体育的一步一步发展,关联省厅的范围也慢慢地扩大起来,而各种体育成分的存在也对整个社会产生了不同程度、不同方面的广泛的影响。

日本国家体育训练中心(2010)

第二节　地方自治体的体育行政管理组织

1956 年制定的《地方教育行政的组织及运营法》规定,地方自治体的体育行政管理主要由地方的教育委员会负责。该法的 23 条规定了教育委员会的职务职权,记载了有关体育的管理和执行事宜。而且,《体育振兴法》第 4 条第 3 项里规定,都道府县町村的教育委员会有责任根据地方特点实施体育振兴的基本计划。

《体育振兴法》第 18 条规定,都道府县及市町村要设置有关体育振兴的审议会或其他的合议机关,体育振兴审议会需要答复都道府县的教育委员会提出的有关体育的问题,并负责体育振兴有关事项的调查审议和建议。地方自治体和体育振兴审议会的关系,类似于中央文部科学省和中央教育审议会体育·青少年分科会之间的关系。

地方自治体的行政组织,也以发展终身体育和竞技体育、增进市民体力为目标。在提高运动竞技水平方面,对于中央的政策来讲是以奥运会和国际比赛的成绩为标准,而都道府县则主要以国民体育大会和全国高等学校综合体育大会等全国比赛的成绩为标准。

由上述情况可知,地方自治体有关的体育行政管理多由地方的教育委员会来承担。近年来,也产生了若干教育委员会以外的组织。大分县在计划振兴部里设置了文化体育振兴科,大阪府在生活文化部里设置了文化体育振兴室和终身体育科,冈山县在生活环境部里设置了体育振兴科,东京都设置了生活文化体育局，新潟县在总务管理部里设置了县民体育科，长崎县则设置了文化体育振兴部。在社会的各级组织里，面向地方分权（中央的许多权力下放到地方，包括财政和政策权力等，2000 年以后逐渐展开）的新型地方体育行政组织渐渐发展起来。不仅教育委员会参与体育，而且还有各种组织共同努力，这样一来，能满足各层次市民需要的、越来越好的行政服务就成为现实的可能。

第三节 日本体育协会

一、日本体育协会的建立过程

日本体育协会的前身是大日本体育协会，有着近百年的历史，其组织开始于 1896 年起举办的前四届奥运会，二战以后经过重组，被命名为“日本体育协会”。

西方体育在明治维新前后传入日本并逐渐发展起来，明治中期，以学生为中心的体育爱好者慢慢增多，在各个学校里形成了若干简单的团体，团体间进行着小范围、小规模的比赛。随着有相同项目学校的增多，比赛范围和规模就慢慢地扩大，到了明治后期，许多项目的比赛通过校内运动会扩大到学校之间的比赛并进一步扩大到全国范围的比赛。而且在明治后期，原本学校内部的比赛也开始吸收社会上的竞技团体参加，到这种程度以后，社会上的竞技团体与学校的运动团体就成为日本竞技体育发展的主体。由于西方体育在世界的广泛传播，日本体育在当时如果想要参加国际比赛，就必须成立一个全国性的体育组织。所以，当日本的竞技体育规模和层次发展到国际交流的水平时，就需要一个重要的契机来形成全国性的组织。奥运会正好为此提供了一个良好的机会。

1896 年顾拜旦恢复现代奥林匹克运动会，到 1909 年一直都是西方国家派出代表参加。1909 年，顾拜旦通过法国驻日大使联系到了东京高等师范大学的校长嘉纳治五郎，邀请日本作为第一个东方国家参加奥林匹克运动会。在邀请信上顾拜旦详细介绍了奥林匹克精神，说明了奥林匹克在教育青少年方面的作用，强调了体育在提高国民体力、培养健全精神方面的重要意义。这些意见和观点马上得到了嘉纳治五郎的认可，嘉纳治五郎开始积极地联系并组织参赛的队伍，准备有关的事宜。

此时日本各地零散地建立着各种各样的体育组织，要组织一个统一的团体并非易事。嘉纳治五郎联系各高等学校并联系文部省，1912 年终于结成了一个名为“各高校体育部和有关团体”的组织，参加第五届斯德哥尔摩奥运会，这就是现在的日本体育协会的前身“大日本体育协会”，在联系的过程中，嘉纳治五郎也就自然成为日本体育协会百年历史上的第一位会长。

大日本体育协会只在日本体育发展史上昙花一现，就被军国主义分子的军国体育代替了。但是，大日本体育协会的产生和发展的短短时间内，却给日本留下了一种精神上的指导：第一，要从高校中发展体育，因为大日本体育协会的会长本身就是大学校长。第二，奥林匹克精神得以在日本萌芽，因为协会成立的契机就是要参加奥运会。第三，为战后日本体育协会的发展埋下了伏笔。

二战结束以后，由于日本体育协会在军国主义时代的表现不适合新的社会制度，或者说，新时代的国民对日本体育协会还不够信任，认为它是军国主义的附属物，1942 年 4 月 8 日，原来属于大日本体育协会的几个团体组成了日本体育会，会长是总理大臣，副会长是厚生省、文部省大臣。一个国家的体育事业直接由总理决策，反映了日本对体育的重视，也是日本体育发展迅速的重要原因。同年 10 月，日本体育会提出了三点考虑：一是针对当时形势对日本体育会进行结构改革；二是制定各地方体育发展的政策；三是发展全民体育，特别是提高青少年的体育兴趣和健康水平。这样初步成立的日本体育协会直到 1948 年 11 月 13 日才得到文部省的正式确认，并被命名为"财团法人日本体育协会"。财团法人首先从名称上规定了这属于一个民间体育组织而不是国家机构，但实际上，日本体育协会虽表面上是自立的，实质上还是与国家保持着紧密的联系。

二、日本体育协会的角色定位

日本体育协会在日本体育政策的推进和实施方面具有重要的地位。虽然名义上是民间体育组织，但是其承担着多面的角色。日本甚至有专家称其为"扛起日本体育的肩膀、国家计划的执行部队"。这类称呼对于民间来讲是贬义的，因为其名称与性质并不统一。但无论如何，日本体育协会在日本体育发展的过程中具有举足轻重的地位已经是历史的事实，在百年的发展过程中，日本体育协会历届的组织、人事、财政方面的负责人都是从国家行政部门中选出来的，而体育协会的历代事务局长大部分也来自于文部省体育局的体育科长。日本体育协会的事务局，从 20 世纪 80 年代初期开始，90％以上都是由教育委员会的委员或者其他与其有关的人员组成，事务局长也有半数以上是教育委员会的成员。这样就给人们造成了一种印象，那就是教育委员会的体育科长兼任体育协会的事务局的局长是理所当然的。既然从国家层面上，中央政府里有日本体育协会这样组织，各地方自治体也就如法炮制各地方的体育协会，于是，形成了这样一种现状。

日本体育协会的财源，70％以上来自于行政当局拨发的补助金和委托金，这也直接造成了日本体育协会对行政的高度依赖。从以上分析可以很容易理解：日本体育协会名义上是民间团体，而实质上是政府机构的执行机关。

日本体育协会的任务主要有以下三项：一是与日本奥委会联合进行奥运会、亚运会运动员的派遣，在此基础上，为优秀运动员的强化训练事业提供服务；二是组织召开国民体育大会，国民体育大会是由文部省、轮流承办的县和体育协会一起举行的，主要由体育协会和承办县进行组织工作，体育协会负责国民体育大会的标准、方法和基本要求的检查和制定；三是培养教练员、体育少年团并推进体育医·科学的发展。

三、体育少年团

体育少年团是日本体育协会组织的日本竞技体育的重要后备力量，而且具有长期性和广泛性的特点。

日本体育少年团成立于1962年，以日本体育协会创设五十周年为契机而成立。日本体育少年团创立的本意是，让青少年享受体育的欢乐，通过体育在各地域培养青少年的身心。20世纪60年代是日本经济高速发展的时代，物质文化和消费文化的过度发达都带来了诸多不利后果，如青少年体力低下、集体意识减退、少年犯罪率升高等等。为了更好地培养新一代，对青少年实施有计划、有组织的体育训练，促进青少年健全身心的养成，日本体育协会以地域为基础创设了体育少年团。创设之初有22个团，共计753人。1964年，以东京奥运会为契机，日本政府对体育少年团进行了广泛宣传，体育少年团飞速发展起来。五十多年过去了，截至2010年，日本体育少年团达到3.6万个，团员有88万人。①

体育少年团的活动是在学校活动以外的时间内进行，形式多种多样，儿童可以自由选择项目，也可以自由选择团体。体育少年团的活动地点是以地域社会的场地为主，从事的体育项目在竞技体育项目的基础上广泛拓展，并且辅之以多样的娱乐活动和社会文化活动等。体育少年团鼓励青少年广泛地参加多种运动项目，以期早期发现个体对项目的适应和在某个项目方面的天赋，根据儿童少年不同的年龄阶段及其生长发育的特点，在广泛接触的基础上发现特长。儿童少年是成长的关键时期，克服胜利至上的思想，早期发现孩子天赋并充分发掘孩子潜力是体育少年团的重要指导思想。由此可以看出，日本竞技体育从一开始就与培养人、教育人结合在一起了。

在具体的执行过程中，一般来讲，进入体育少年团的第一年先进行基础的身体训练，接触一到两个运动项目，如棒球、剑道、足球、排球等等；第二年根据季节、性别、年龄分组，增加多个运动项目；第三年则开展多种运动项目的体验式训练，这被称为“并行项目和复合项目训练”。对体育的初学者来说，进行多种项目

---

① スポーツ百年の遺産スポーツ少年团.スポーツジャーナル2010夏号.日本体育協会.2010年.

的训练是非常有必要的，这样能够更有效地培养孩子的兴趣，并且能早期发现孩子的天赋。对孩子来说，随着年龄的增长其兴趣也会发生变化，从事有兴趣的项目会大大提高孩子们参与体育的积极性。为了提高体育少年团的吸引力，体育少年团的活动也不仅仅限于体育项目，还可以广泛开展体力测试、游戏、野外活动、文化交流活动等，以体育为中心对青少年展开多种方式的培养。

日本体育少年团以地域综合性体育俱乐部为基础，在一贯性指导体制下进行指导训练。在实施过程中，以儿童需要和地域社会特点为基础，根据孩子的年龄特点组织合理的体育项目和运动形式，从儿童到青少年阶段的培养都体现了系统性的特征。体育少年团在开展活动时坚持广泛联系家长，提高家长和整个社会对体育的认知度，形成了指导者、家庭、社会为培养孩子集体努力的氛围。体育少年团有着明确的测试指标，并依据指标科学地评定训练效果，同时体育少年团还严格执行教练员的资格制度，不断提高指导者的素质。此外，以体育少年团为基础组织，日本的国内和国际体育交流也获得长足发展。

日本体育少年团开展足球训练活动(2010)

第四节　日本奥林匹克委员会(JOC)

历史上的日本奥委会与日本体育协会曾经是一个整体，共同承担了组织日本代表团参加奥运会等有关事务。1989 年 2 月，日本奥委会从日本体育协会中分离出来，成为独立的财团法人日本奥林匹克委员会。“日本奥委会”这个名称是 1921 年日本第一次参加奥运会时确定下来的，也是与国际奥委会同步的名称。二战以后，日本奥委会的发展经历了三个阶段：

第一阶段是从1946年战后的第一次国民体育大会到1964年东京奥运会的召开，称为“复兴期”。二战以后，日本进入了重新建国的阶段，也是日本发展最为迅速的时期，日本奥委会伴随着日本的高速经济增长而同步发展，再次印证了经济是竞技体育发展的重要支持和保证这一真理。在日本奥运会的有效运作和管理下，日本竞技体育也逐渐跨入世界竞技体育豪强的行列，达到了历史最好水平，1964年东京奥运会取得了较好的成绩是这一阶段的最好证明。

第二阶段是变动期。东京奥运会以后，为使竞技体育走上可持续发展的道路，并以东京奥运会为契机，大力发展大众体育与学校体育，日本的体育发展走上了以基层体育设施建设与全民体育促进为主要模式的发展方向。这种以大众体育振兴为基础的竞技体育发展模式，从总体上是成功的。经过了近二十年的努力，日本的体育设施、国民的体育意识、体育产业都有了较大的发展，充分发挥了竞技体育在国民体育事业中的引领功能，为日本体育大发展打下了良好的发展基础，特别是为其后日本竞技体育的复兴创造了有利条件。之所以称之为“变动期”，是因为发展模式有所改变，主要变动是各种大学体育、中学体育、社会体育发展起来。但与此同时出现的问题是，竞技体育成绩在奥运会比赛中大幅度下降了。

第三阶段是改革期。1987年，为了振兴日本体育，实质上是为了重新振兴日本竞技体育，复兴日本体育在奥运会上的辉煌，日本政府召开了“有关体育振兴的座谈会”，文部大臣和内阁商讨了三条对策：一是增加对竞技体育的投入，二是设置体育振兴基金，三是成立国立综合体育研究中心（2001年正式命名为“国立体育科学中心”）。1989年，为了发展竞技体育和传播奥林匹克精神，日本奥委会从日本体育协会中分离出来，独立执行奥委会的职能。为了解决体育的巨大财政问题，1998年《体育振兴投票法》和以《体育振兴法》为基础的《体育振兴基本计划》同时颁布，以此为基础，日本奥委会制定了《金色计划》，是日本奥委会发展过程中的一项重要改革。

日本奥委会从事的主要活动是奥运会和其他国际大赛的运动员派遣，以及奥林匹克精神的弘扬，在具体的职能方面就是发展竞技体育。日本奥委会的主要任务有四项：一是运动团体的委托事业。以运动员强化事业为中心提高日本国际竞技力是日本日本奥委会的主要活动，包括运动员在国内国外的强化训练、教练员的强化指导和培养、教练员的国外学习、青少年队伍的派遣和学习、国际体育交流队伍的派遣和招待、国外重点强化训练的基地设置和围绕高原训练、心理训练的有关调查研究等，这一类事业是受运动团体的委托进行工作。二是直接业务，包括奥运会运动员的选定、强化训练的资格认定、教练员的配置和培养、对有潜质的青少年的认定、青少年运动员的相关学习、教练员的学习研修，球类、格斗、艺术类的课题支持、各项目国内强化训练基地设置、运动员的健康管理和体力测定、国际比赛日本队的派遣、反兴奋剂事业等等。三是文部科学省的委托事业，包括培养优秀运动员的专业俱乐部模式的建设和提高国际竞技力的体育交流。四是近年来增设的体育信息的调查分析、特别强化训练资金的分配、对体育科学的支持等。

日本奥林匹克委员会(2009)

小　结

日本竞技体育的管理是在文部省的统一领导下，由各省厅相互配合、共同实施的。文部省是竞技体育事业决策的中心机构，其领导下的体育青少年局负责具体工作。日本体育事业管理实行的审议会制度是基本的决策制度，在决策制定之前，先由审议会听取社会各方面的意见并进行相关调查，然后形成审议报告，报告再经审议通过才能形成具有法律效力的审议方案，具体由日本体育协会、日本奥委会、日本体育振兴中心、地方自治体教育部门和体育部门共同执行。体育管理的机构众多，层次分明，体现了日本社会注重统一管理的特点。

第五章　日本竞技体育的主要政策分析

第一节　日本体育的立法政策

1960 年前后，欧洲大众体育开始发展起来，1976 年欧洲评议会出台了大众体育宪章，1978 年 11 月 21 日于巴黎召开的第 20 次联合国教科文组织大会回顾了联合国宪章中重视人的尊严与价值的条文，进一步明确了促进社会进步与提高生活水平的决心。要达到这样的目标，首先是保证每个人都能够获得自由全面的发展，实现身体、心智与道德的不断完善，同时，任何人参加体育运动的机会都应该得到社会的承认和保障。国家与国际社会都应该给人类创造一个保持和提高身体、心智与道德水平的良好环境，提高人的生活质量。而体育运动在培养人类的基本价值理念方面能够做出有效的贡献。其次是从权利的视角理解体育，把体育看成是人的发展过程中的基本权利，在此基础上颁布了体育运动国际宪章。体育国际宪章在重视人的发展的基础上，把体育视为人的基本权利，在这种思想的指引下，许多国家开始积极推行公共体育政策，同时也制定了与体育相关的法律法规。各国的体育法从此逐渐发展起来，现在已形成了一个特殊的法律体系，各国政府以法律为基础进一步制定有关体育政策，规范体育运动的行为，引导体育发展的方向。

现代体育运动已进入国际化阶段，任何国家的体育运动发展到一定程度都不会独立地存在，而是必然会进入国际交流的过程。日本对于国际交流非常重视，这也是日本社会得以迅速发展的原因之一。对于参与国际体育活动，日本政府从一开始就投入了很大的精力。体育作为一项独特的社会活动，在审议会的商讨过程中被认为“有百益而无一害”。因此，在体育立法的过程中，虽然在体育的发展形式和策略上有着不同的观点，并就此展开了激烈的讨论，但对发展体育事业的总体方向以及努力发展竞技体育的基本思想却获得一致的认同。

体育法与体育政策有着密切的关系。体育法是体育政策的基础，从一定程度上来说，体育法正是为制定体育政策而服务的，体育政策的制定必须在体育法的基础上进行。比如，在政策决定、政策实施、政策评价的循环过程中，国家政策的基本法律制定就是政策决定的最终阶段，而且，在政策实施过程中，以法律为基础来制定体育政策将会使体育事业走上有序发展的良性轨道，为以后的政策评价打下良好基础。在进行政策评价的时候，需要分析既存法律制度的构造、原理、问题，再进行改善政策的讨论，从而使体育法、体育政策都能为体育运动发展服务。

由于体育政策建立在法律基础上，法律本身就成了政策能够顺利实施的保证。于是，为实现体育法制的完整规划或有效改善而设立的立法政策，成为体育政策中最为重要的部分。战后日本的整个国家制度都以法制为基础形成的，迄今已建立起一系列的法律制度来保障国家和社会体育工作的顺利运行。下面简要分析一下与日本竞技体育有关的重要法律。

日本高尔夫比赛现场

一、《体育振兴法》

1961 年，日本制定了首部体育法——《体育振兴法》。《体育振兴法》的出台是日本体育发展史上的分水岭，也是日本体育正式走向法制化的标志。《体育振兴法》由自由民主党、日本社会党及民主社会党共同提出，是以东京奥运会的举办为主要契机、以立法形式展开的日本体育发展规划。《体育振兴法》在法律制度、法的性质上属于社会教育法的特别法。在行政组织上，由文部科学省及地方自治体的教育委员会进行体育的管理和政策的实施。体育作为一项特殊的社会活动，并不是简单地规定由教育行政实施就能够确保体育政策的有效实施和运行，它还需要国家和社会各个方面的协作。因此，横向联合其他省厅也是实现体育政策目标的重要保证。为了实行综合的体育政策，日本以教育行政组织为中心，在施政过程中横向联合各行政组织对《体育振兴法》进行具体实施和修正，比如 2007 年与地方有关的“地方教育行政组织及运营有关法律”的修改，就是为了促进地方体育政策实施而进行的工作，而教育委员会执行体育事务时并不是独立进行，而是在地方自治体的领导下进行的。

日本《体育振兴法》的第 1 条规定，该法律制定的目的是为了促进国民身心的健康发展和使国民过上明朗丰富的生活，在法律地位方面表明了《体育振兴法》是实施其他体育振兴政策的基础。日本《体育振兴法》最大的优点在于它并不是运用法律的手段强制国民进行体育运动，而是国家以中立性的政治主张为起点，使法律融入到国民个体的体育活动中。《体育振兴法》的政策导向是，确保体育行政为国民体育活动提供有利的条件，使国民体育活动成为一种自律的行为。进一步来说，《体育振兴法》规定的体育振兴有关政策，“并不是要振兴以营利为目的的体育活动”，不是以职业体育为施政对象，而是以大众体育为施政对象。但是，《体育振兴法》制定以后并不是一成不变的，就体育权利、体育的经济活动等来说，在现代体育法涉及的新问题、新动向没有涉及的时候，需要适时地进行方针、结构的调整和修改。比如在后来的修改中，职业体育的有关问题就被明确地加进了《体育振兴法》之中。

日本《体育振兴法》还直接对竞技体育的发展进行了规定。该法第 5 条规定了国民的节日和体育日及相关活动；第 6 条规定日本体育协会、国家和都道府县共同举办国民体育大会；第 7 条明确了地方自治体的运动会、竞技会、运动能力测试、体育教室等开展体育活动的实施办法。尤其需要一提的是，国民体育大会的举办对日本地方体育的振兴和竞技能力的提高发挥了很大的作用。近年来，日本社会正在探讨国民体育大会的简单化和高效化，考虑将项目分为两年一次的项目和一年一次的项目，在促进体育交流的同时也能够顾及大会的经济性。

《体育振兴法》第 11 条规定了国家及地方自治体体育教练员培养的有关问题。以这一条规定为基础，2000 年日本制定了体育指导员资格制度，对体育指导员的知识、技能审查、认定规程作出了详细解析。本制度由日本体育协会实施，依据文部科学大臣认定制度对体育指导者知识、技能进行资格审查。体育指导员包括社区体育指导员和单项教练员，他们都具备专业的知识和较高指导水平是保证运动竞技水平稳步提高的必要条件。社区体育指导员与单项教练员从本质来讲属于一种性质,差别只是在于知识的深度和技能水平的高低。目前日本的现状是体育指导者绝大多数都是兼职的,且并没有专职体育指导员的相关法律和规定。《体育振兴法》第 19 条规定,体育指导员在市町村的教育委员会的委托下进行工作,但是存在的问题是体育指导员和教练员的聘用并没有明确的标准和程序,在这种兼职的状态之下,指导和训练的质量难以得到有效的保证。所以,在国家法律和规定日益系统化和明确化的趋势之下,就体育指导者的的评聘也应该尽快建立完善的职业政策,以明确的法律制度保障体育指导员和教练员正常工作。

《体育振兴法》明确提出了提高日本体育国际竞技力的要求。如第 14 条规定:第一,国家和地方自治体必须努力采取措施来提高日本体育运动的国际水平。第二,在这个基本认识的基础上,日本奥委会负责国家参加国际比赛的有关问题,国家和地方自治体要努力与日本奥委会保持紧密的联系和高度一致。第 15 条明确指出,国家和地方自治体,对于体育成绩优异的运动员要给予表彰和奖励。第 16 条第 2 款规定,国家及地方自治体,担负着提高高水平职业运动员竞技能力及普及高水平运动技术的重要任务,要利用高水平运动员的高超技术和运动经验,指导青少年运动员训练,并尽可能创造条件,达到以老带新的目的。这条规定是 1998 年修订《体育振兴法》时追加的。《体育振兴法》在谈及业余体育的振兴问题时,要求把业余体育与高水平的竞技体育视为同等重要的部分进行发展,所以应慎重考虑振兴计划的设计和策略的制定问题。进一步来说,《体育振兴法》是把全社会的体育事业作为一个大的系统去考虑而制定的法律。《体育振兴法》同时重视体育的科学研究。如第 17 条明确规定,国家确定了把与体育有关的医学、生理学、心理学、力学等诸学科综合起来,促进与体育有关的基础研究和应用研究的发展。

《体育振兴法》第四章,涉及国家及地方自治体的补助问题。第 20 条规定:在预算范围内,一要保证都道府县举办国民体育大会所需要的经费;二要保证地方自治体体育振兴事业需要的经费;三要保证学校法人体育设施建设需要的经费;四要保证为振兴体育事业而组织的运动团体的运营经费。为保证这些活动的顺利开展,国家还有另外的补助,如第 22 条规定,地方自治体对于以体育振兴为目的的团体,应给予一部分补助。实际上就是说,对于体育行政政策的实施计划,国家财政应给予保障。理由很简单:法律既然规定了体育是一种人的权利,那么国家理所当然应该保障国民享受体育权利的条件,创造顺利实现体育权利的环境。

《体育振兴法》是日本体育的根本法律,所有的体育政策都应按照《体育振兴法》制定。在实施过程中存在的问题是,《体育振兴法》虽然规定了国家和地方自治体的任务、措施及目标,但是对国家和地方的任务、责任分担到什么程度并未明确予以说明。随着日本行政权力的下放,就国家和地方各自应承担什么样的政策责任、管辖范围、权限及预算安排,应该进一步出台相关的法律法规。

日本某中学棒球比赛

二、《日本体育振兴中心法》

日本体育振兴中心与《日本体育振兴中心法》需要从体育局说起。日本文部省的体育局在二战以前属于常设机构,几次废立也与其历史有关。许多人认为文部省体育局属于"军国主义"的产物,与新时期日本的民主制度不相匹配,但也有人认为国家发展体育事业就需要体育局这样一个组织。经过激烈的争论,1958 年根据文部省设置法的修订法案,日本战后重新设置体育局,有关体育运动的行政组织的权限得到了强化。体育局担当着体育教育和体育运动的振兴、学校保险、学校的营养搭配、灾害补救和预防等四项事务。此外,它还负责制定与这些事务有关的除了《体育振兴法》之外的法律,如 1954 年的《日本学校供餐法》、1947 年《国立竞技场法》、1959 年有关学校安全和学生灾害补偿的《日本学校安全法》等。

从 1980 年开始,随着行政改革的推进,体育局的事务及组织又实现了统一(现在为体育·青少年局)。1985 年,《日本体育·学校健康中心法》把负责学校饮食及学校安全的"日本学校健康会"和"国立竞技场"统一成日本体育·学校健康中心。为了更加合理化，2002 年，日本体育·学校健康中心被解散（2003 年），其权利和义务由独立行政法人日本体育振兴中心承继。

日本体育振兴中心为了振兴体育事业、增进儿童和学生的健康，主要承担以下几个方面的工作：一是日本体育·学校健康中心的体育设施及附属设施的运营和利用；二是有关为提高日本体育的竞技水平而进行的集中强化训练，包括国际的和全国规模的运动会、研究会、讲习会的开办，运动团体举办活动的资金补助；三是优秀竞技运动员、教练员事宜和以提高运动技术水平为目的的活动，包括培养与教育优秀运动员的资金补助；四是国际高水平体育的有关活动计划的资金补助；五是《体育振兴投票法》（体育博彩的合法化）规定的业务；六是学校中儿童学生的灾害补助（医疗费、伤害慰问、死亡慰问）；七是增进体育及学校安全，收集和提供所在学校的保持与学生儿童健康有关的调查资料；八是与各项业务有关的讲演、出版发行等事业。

日本体育振兴中心为了提高优秀运动员的竞技水平设立了体育振兴基金，保障其拥有充足的经费支持。而且中心每年拿出体育振兴投票收益的 1/3 并于下一个事业年度上交国库。这一部分资金，政府用来充实与教育以及文化振兴有关的事业以及环境保护、青少年健康培养、体育国际交流等有关公益事业的经费（第 37 条）。

体育在国家预算中所占的比例一般来说都是非常少的，但体育的振兴需要很大的财政支持，这也是保证体育工作顺利发展的一个重要因素。因此，意大利、英国、加拿大、德国、新西兰、法国等国政府纷纷创设了体育振兴基金，确保体育发展的财源。以法律为基础，发展体育振兴的财源，进行合理合法的产业活动也会增加国家税收，拉动经济发展。20 世纪 90 年代日本体育产业的飞速发展，为体育事业的可持续发展打下了坚实的基础。

独立行政法人日本体育振兴中心

三、《体育振兴投票法》

第二次世界大战结束以后，为了振兴体育事业，健全地方自治，规范各项社会活动的发展，日本制定了赛艇、赛车及赛马等有关的法律。根据这些特别法的规定，行政管理下公共竞技的赌博行为的合法性得到认同，如1948年颁布《摩托车竞技法》、1950年颁布《小型汽车竞技法》、1951年颁布《汽艇竞赛法》、1948年颁布《竞马法》、1954年颁布《日本中央竞马会法》。以这些法律为基础，日本组织了各种博彩活动。文部省肩负着发展国家体育事业的重任，实施《体育振兴基本计划》促进了各种运动团体及终身体育的振兴，也提高了国际体育竞技力。而这些政策的实施都要以财政作保证，文部省参考国外的体育博彩制度，引入了足球投票制度(实质就是足球赌球的规范化和法制化)。

1998年，在足球投票制度的基础上，日本开始实施体育振兴投票的有关法律，称为《体育振兴投票法》。《体育振兴投票法》明确了体育振兴投票实施的有关事项。体育振兴投票是发行机关举行的与比赛赌博有关的投票券，根据与比赛结果的应合程度进行一定量的赌博行为。另外还有针对对手的出场运动员、裁判、教练的情况进行投票，所有参加者必须在体育振兴投票比赛举行机关进行登录，日本体育振兴中心将体育振兴投票的运营、销售、返还金等业务委托金融机关进行办理。

实际实施中的体育振兴投票业务分为迷你型、中型和大型等三种。2007年的大型最高额达5.8亿日元。近年来，日本经济不景气，使得投票业务的收益很不稳定，因此，振兴中心希望改善运营方式。但是，在行政改革的会议讨论中，对涉及赌博行为的活动应该逐渐被取缔的呼声越来越高。在此背景下，为了保证体育事业发展拥有稳定的财源，日本政府正在研究新的开源节流方法，保证体育振兴的需要。

体育振兴投票中心还能够为地方自治体、体育团体的事业提供资金，资金投入方向有：一是以地域体育振兴为目的的基地硬件建设；二是有关提高竞技水平和其他以体育振兴为目的的国际的、全国的基地设施设备；三是组织活动或其他以体育振兴为目的的事业；四是体育指导员的培养及其综合素质的提高，以及与体育有关的调查研究等事业；五是国际规模的运动会的举办或文部省特定的事业。

为了振兴体育事业，日本体育振兴中心也向金融机关贷款。中心每年需要向文部科学省大臣报告体育投票的收益和使用情况，而且中心需要向国民公开收益使用的具体情况，必要时得到这些资金的团体对资金的使用情况也需要公开，以使国民理解体育振兴投票的意义所在。体育振兴投票必须在监督下执行，并需要准确地把握舆论动向。

如果体育振兴中心违反了《日本体育振兴法》或《体育振兴投票法》，或者体育振兴投票违反了公益原则，文部科学大臣就有权命令中止振兴投票行为。同时如果体育振兴投票的实施对儿童少年产生了不良影响，文部科学大臣也有权令其终止。《体育振兴投票法》也规定了各种违法行为的罚则和罚金。

《体育振兴投票法》从立法审议开始，就把体育博彩对青少年的恶劣影响、实施中的不正当行为及收益不明确等问题作为重点讨论对象，所以，对收益的用途、信息公示、实施和停止及罚则等作出了明确的规定。

四、其他有关法律

第一，体育立法政策的法源——日本国《宪法》。《宪法》是日本国的根本大法，其他一切法律政策都需要在宪法的范围内制定和实施。体育振兴和体育的各种活动、有关的权利义务也要在宪法的基础上寻求立法依据。

日本《宪法》第 13 条是有关幸福追求权的，第 25 条是有关生存权、健康的文化生活营造权的，第 26 条是有关受教育权和发展学习权的，而体育运动权利是这些权利的复合权利。日本现行《宪法》没有直接关于体育的规定，但瑞士、德国、葡萄牙等国家在宪法里就有关于体育的规定。当体育运动发展成为人们社会生活一部分的时候，势必会对整个社会和文化产生重要的影响。目前，体育权利在全世界范围内基本上已经达成共识，但在不同的国家，其规定的方式有所不同。究竟应该怎样规定更为合理，成为体育立法政策上重要的课题。因此，20 世纪 90 年代以来，日本许多专家主张制定体育的基本法，以基本法的形式规范和保障体育事业的正常发展。这项工作目前已经完成。

第二，1987 年的《综合保养地域法》。这是一部为了体育及娱乐活动等设施的建设和保养，并根据自然条件合理进行土地开发的法律。休闲娱乐场地的开发也会破坏自然环境，为避免滑雪场、高尔夫球场等的开发和自然环境的保护对立起来，体育和环境有关的立法也需要认真讨论。

第三，1982 年高尔夫球场等的会员制度。这是使会员合同合理化的法律，它规定了高尔夫俱乐部以及其他民间会员制的体育俱乐部的交费入会、资金管理和委托征收等问题以及经营不合理时预付款的返还问题，还规定了正式会员合同的缔结、规制及信息公示等问题。此外，随着与体育相关的经济活动的发展，对体育合同、体育商业、体育产业等进行立法在国际上逐渐被提到议程上来，例如欧美等国就有体育传播法、经纪人法、体育公司法、体育产业振兴法等等，所以对于体育经济活动来说，制定完备的立法政策是非常必要的。

第四，兴奋剂条约的签署。日本没有有关兴奋剂的直接法律，而比利时、意大利、法国都有关于兴奋剂的特别法。而且，联合国教科文组织 2005 年关于体育兴奋剂制定了国际条约，日本也在 2006 年签下了承诺书。继 2003 年国际兴奋剂条约《哥本哈根宣言》后，世界反兴奋剂机构成立，在世界反兴奋剂规程的基础上，各国非政府组织协商举行反兴奋剂活动。日本于 2001 年设立了反兴奋剂机构，实施了兴奋剂管理的诸多措施。

第五，体育中有各种各样的纷争，需要第三方仲裁机构来仲裁、调停、和解、斡旋。例如在国际上，1984 年根据 IOC 设立了体育仲裁裁判所 CAS。体育仲裁机构在体育仲裁关联规则的基础上，对体育合同纠纷、体育联盟决定纠纷、兴奋剂相关纠纷等与体育有直接、间接关系的纠纷进行援助解决。而且美国、新西兰等国家对于国内纷争的解决都有特别法，今后日本也可能制定特别的法律，以增强体育纠纷解决机关的管辖权。

以上是日本与体育有关的法律介绍，国际上与体育有关的特别法和围绕体育立法的课题也广泛存在，如体育保险法、体育事故补偿法、有关俱乐部或非营利性社会组织、体育联盟等的体育团体法、有关球场暴力的体育暴力法，有关体育联合、职业体育团体同盟行为的反托拉斯法、反垄断法等。此外还有涉及体育的标识、名称、商品等的商标法、创意法，有关体育传播权利保障的著作权法、运动员肖像权法、劳资关系法、残疾人的人权法，等等。这样看来，在对体育法制进行健全和完备时应充分考虑这些问题，它们将反映出立法完善的基本方向。

日本某大学排球馆

第二节 《日本体育振兴基本计划》

1999 年 9 月，日本文部科学省大臣向保健体育审议会咨询如何制定体育振兴计划的问题。2000 年 8 月，审议会对体育振兴计划的制定办法进行答复，同年 9 月，《体育振兴基本计划》出台。在中央政府制定了国家的体育振兴计划以后，日本大部分的都道府县以及市町村的教育委员会也根据当地的实际情况制定了有关体育振兴的基本计划。

研究发现了时间方面的一个问题，1961 年日本出台了《体育振兴法》，但直到 2000 年《体育振兴基本计划》才出台，从时间跨度上来说似乎有点太长了——近四十年日本没有成文的振兴计划出台。在这期间，1972 年和 1989 年的审议方案虽然作出过基本的方向指导，但审议方案的指导效力与正式出台的振兴计划相比就逊色多了，这也是日本体育发展中起落的一个政策方面的原因。

《日本体育振兴基本计划》是以《体育振兴法》为基础制定的、自 2001 年开始实施的日本体育十年规划，其基本特征是以长期的、综合的远景为目标，制定国家十年体育振兴的基本方向和基本措施，各地方作为实施体育振兴计划的主体，根据各自实际情况以成文的规划作为发展体育事业的指南。《体育振兴基本计划》具有行政计划的性质。行政计划是日本战后的主要行政手段，逐渐成为日本行政业务的基本手法，具有很强的指导意义。

《日本体育振兴基本计划》的主旨有三点：一是通过体育振兴使青少年增强体力；二是面向终身体育，以地域为单位建立设施、设备充实健全的体育环境；三是提高日本竞技体育水平，并以此为目标依据制定一系列的计划和政策。

《日本体育振兴基本计划》确定“五年后要见到全部计划的实施状况”。2006年9月，文部科学省考察了计划实施五年来的进展情况，并综合中央教育审议会体育・青少年分科会等的意见，对计划进行了部分修订。在修订前，计划的中心政策课题是“终身体育、竞技体育和学校体育一起推进”，但根据文部科学省的“体力・运动能力调查”，日本的儿童体力自1985年前后出现了长期的低下倾向，儿童的体力差别不断扩大。而儿童体力低下的原因主要有：一是国民对室外体育活动较为轻视；二是方便的社会生活改变了人们的生活习惯，睡眠和饮食习惯趋于混乱。总之，该调查指出了儿童进行体育活动机会大大减少的问题。所以修订后的《体育振兴基本计划》新设了“通过体育振兴促进儿童体力增长”的政策。

计划的第二项目标是“面向终身体育社会的实现，进行地域环境的整备充实”，具体如下：“(1)实现所有的国民都能结合其体力、年龄、技术、兴趣、目的，不论什么时候、什么地点都能够亲近体育的终身体育社会。(2)在这样一个目标的指导下，在尽可能早的年龄阶段实现每周锻炼一次的目标。”这个政策目标与修订前相比没有大的改变，修订时对现实状况的调查发现，2004年日本每周至少进行一次体育锻炼的成人虽已达到了38.5%，但与欧美发达国家相比还是偏低。根据这样一种现实情况，为了提高这个比率，进一步发展综合性地域体育俱乐部成为新的举措。地域性体育俱乐部存在着地域差异，如何对体育指导员和体育教练员、其他体育领导者等进行进一步组合，以便他们更加灵活地指导体育运动训练成为新的研究方向。随着这种综合性地域体育俱乐部的理念明确起来，建立能够使每一位国民都能够快乐参加体育活动的俱乐部就成了发展过程中的共识。也就是说，综合性体育俱乐部的普及，不仅给运动员提供了训练的场所，而且还给女性、老年人、伤残人等本来很少有机会参加体育活动的人们提供了良好的体育环境，让他们能够广泛参与进来。这样一来，这种综合地域性体育俱乐部在运营过程中理所当然地得到了广泛支持。

终身体育、竞技体育和学校体育综合发展的方案政策反映了整个计划的理念，有必要指出的是，无论是儿童体力的提高，还是综合性俱乐部的创立，在制定《日本体育振兴基本计划》的时候，都不与发展竞技体育相矛盾，比如计划提出在提高儿童体力的同时要有“人才发掘计划”、综合性地域体育俱乐部要能够保证一流运动员的训练要求等。在此基础上，日本政府还专门制定了详细的策略来发展、提高日本体育的国际竞技力。

计划的第三项目标是“提高日本体育的竞技能力”，具体包括：“(1)日本运动员活跃在奥运会和其他国际运动会上，带给了国民鼓舞和感动，给整个社会注入了活力，要积极培养能够在国际运动会上参赛的运动员，提高其竞技水平。(2)更具体一点说明的话，1996 年的亚特兰大奥运会日本的金牌率是 1.7%，处于历史的低谷阶段，要综合推进运动员培养提高竞技能力，争取每一个周期的夏季、冬季奥运会金牌率平均起来达到 3.5%。”计划指出高水平的运动团体要认识到竞技体育的社会意义，确保透明公开地进行各种业务的运营，以获得国民的信赖。国家要对这些运动团体进行正确的引导。

为了实现竞技体育计划的目标，《日本体育振兴基本计划》还提出了诸多具体的施政策略。

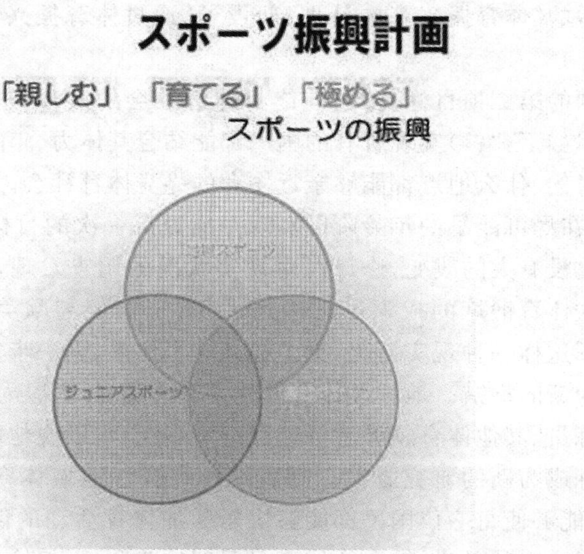

《日本体育振兴计划》封面

一、构筑一贯性指导系统

一贯性指导系统(国内有学者译为“一条龙训练体制”)构筑的目的是有组织地完成培养高水平运动员的计划，具体方案是设立以培养高水平运动员为目的的、以高水平运动员的标准为指导理念和指导内容的指导程序；这种指导程序要在全国普及开来，形成以高水平运动员为培养方向的、从初级阶段到高级阶段的、最适宜、最有效的指导体制。所谓一贯性，其中心思想就是根据运动员发展的阶段，实施最适宜的指导方式。

原来的日本运动员，在初级阶段由学校培养，高级阶段由大学和企业培养，各个阶段的培养计划、目标、方式相互分离，这种方式已经越来越不适应当今高水平竞技运动发展的需要。为了使高水平运动员的训练从初级阶段到高级阶段有机地衔接起来，使体育人才能够在一个整体的、系统的培养体系中成长，日本提出了"一贯性指导系统"。它的中心论题在于，根据运动员的个人特点和其发展阶段，以培养优秀运动员为长远目标计划，根据各类运动项目的不同要求，构筑和实施最适宜、最有效的一贯性指导体系。

要实现这样一个体系并使其完备起来，就需要各运动团体具有国际训练的视野和培养全面、优秀运动员的理念。现代竞技运动的训练方法日新月异，对于教练员来说，理念的更新、方法的充实也是不可或缺的重要课题。进一步来说，构筑一贯性指导系统需要学校和地域综合俱乐部密切配合，实现高水平运动员培养理念和方法的普及和推广。由于学校之间的水平不同，各地域之间的项目特点也不尽相同，所以可以由一个或几个学校进行联合，或由一个或几个综合性地域俱乐部进行联合，确保儿童在少年阶段有数个运动项目的体验机会，确保天才的运动员有被输送到高水平运动团体的机会。与此同时，还应深入研究运动员的训练方法，准确把握国际动向，做到培养高水平运动员的信息共享。各地方自治体、地域俱乐部与学校要紧密配合，对有潜质的运动员要实施系统的发掘、指导和训练。

二、建立训练基地

为实现一贯性指导系统对运动员培养和强化的目标，应为高水平运动员和具有优秀素质的后备人才建立集中的、综合的强化训练基地。日本于2007年建立了国家训练中心，包含田径、排球、手球、篮球、摔跤、拳击、网球等项目，对于国家训练中心不能包含的项目（如冰雪项目、水上项目、高原训练等）则设立其他训练基地。

日本某企业的体育训练基地

遵循竞技体育的基本规律，对优秀运动员采用科学的训练方法并保证充足的训练时间是取得优异运动成绩的必要条件，因此设立稳定的体育科学研究基地是体育训练的基本保障。在雅典奥运会奖牌榜前十名的国家中，有九个国家都有专门的科研机构，日本在国家训练中心的基础上设立了国立体育科学中心，可确保基本训练条件的完备。

日本国立体育科学中心

三、培养教练员

一贯性指导系统特别提出，要提高指导高水平运动员训练的教练员的专业化水平。具有国际视野的高水平专业教练员是提高国际竞技能力的必要条件，国家要建立一支专业的、有国际视野的教练员队伍、信息系统和科研队伍。于是日本在国家训练中心设置教练员学会，学会与日本体育协会、日本奥委会、地方自治体与综合性地域体育俱乐部相互联系、紧密配合，及时更新训练理念和知识，培养出一大批具备技术、体能、心理、营养等各方面专业素养的人才，满足了各个层次运动训练的需要。

四、完善运动员专心致志进行训练的环境

日本的竞技体育在20世纪90年代主要是依靠企业的扶持，但随着经济状况的下滑，有200家左右的企业废除了运动部，所以要深入调查运动团体、企业和地域的需要，制定新的企业支持政策，把对体育的扶持当成企业社会责任的一部分。从运动员方面来讲，退役的优秀运动员是社会优秀人才的代表，职业俱乐部的教练员和高等学校的特聘教练员要优先考虑聘用他们，以保证其宝贵的训练经验和方法的传承。伤病运动员要加入社会保险，保险金额要能够满足运动员专心训练和比赛的需要。

五、其他方面的政策

《日本体育振兴基本计划》的竞技体育发展部分对其他方面也作了具体部署：一是加强体育科学研究，积极发展运动医学、科学训练方法、竞技信息收集、体育伤病预防与恢复、运动心理学等研究；二是推进反兴奋剂运动；三是灵活有效地开展全国和国际规模的运动会和单项比赛，做好宣传工作；四是促进职业运动员的社会贡献，并积极为大众提供亲近职业运动员的机会，使职业体育与大众体育紧密相联，使全社会充满活力。

第三节 保健体育审议会三次重要审议的方案

一、1972年审议方案

1972年，保健体育审议会审议方案的题目是《关于体育的普及振兴的基本方案政策》，表明了日本政府在东京奥运会取得优异成绩之后大力发展大众体育、建立体育发展长效机制的思想。

20世纪60年代是日本社会经济发展的高峰时期，社会劳动部门在发展经济的同时也意识到体育的重要性，因此日本的经济产业界参与到发展体育之中，这也是1972年审议方案能够成功的重要原因之一。“国家的繁荣，靠健壮的民族，而健壮的民族，由高尚的道德、优秀的知识和强壮的体魄构成。”文部省在这样一个基本思想指导下向保健体育审议会咨询体育振兴的问题。审议方案出台以后，文部省直接赋予这个方案权威地位，作为这个时期日本体育政策制定和实施的指南。日本在东京奥运会取得了金牌榜世界排名第三的好成绩，大大鼓舞了国民发展体育的信心。与此同时，以培养全社会共同参与体育为目标、实现各种体育形式共同发展的思想已经萌芽，以青少年、国民为对象提高全民体力的措施逐渐发展起来。扩大基础，顶点高化，大众体育的广泛发展使日本体育具有了可持续发展的特点。提案得到了大多数人的积极响应，这种响应不仅仅局限于文部科学省，而且还同时得到了多省厅的重视，这也是现代日本体育管理以文部科学省为主、多省厅协调进行管理的基础。

审议会在1971年曾发布过一个中间调查报告，这个报告也起到了不小的作用。报告的主要内容是：第一，以往的日本体育政策都是以运动员为中心执行的狭隘竞技体育政策，现在提出了新的体育振兴方案。第二，规定了适应地域社会体育活动的设施标准。第三，提出了市民自发地、自主地、民主地参加体育活动的构想。

1972年，保健体育的审议会对日本体育人口比例、场地设施、体育指导员的状况进行详细的调查研究之后，出台了一系列指令性文件，涉及体育设施的配备、体育参加者的促进、体育指导者的培养制度等，确立了体育指导制度，充实了学校的体育设施设备，确定了在体育领域资金投入和资金的使用办法，敲定了有关各省厅协同合作的体制。1972年审议方案的内容是当时社会现状的反映，提出的体育设施建设标准对20世纪70年代日本体育的发展具有重大意义。

从日本社会的其他领域来看，1973年的福利政策进一步推动了体育的发展和普及。以1972年审议方案为基础，1973年被称为“福利元年”，日本政府抓住了“国民权利的保障”这一机遇，作为福利政策的一环加快推动和发展体育，取得了良好的成效。

日本的社会福利宣传画

资料来源：http://www.kawasaki－shakyo.jp/saiwai/image/top.jpg。

1972审议方案提出的策略，需要在财源的保证和具体的实行方面寻找法律依据。1961年的《体育振兴法》对体育参加者的权利起到了巨大的保障作用，审议方案策略的实施就是体育政策在法律范围内的具体化，营造一种公共性的体育参与氛围就是政策的直接目标。依据《体育振兴法》与1972年审议方案，自治体与各地域的体育得到了整体的快速发展。《体育振兴法》成立的契机本来是东京奥运会的成功申办，但其法律内容具体发挥作用却是在1972年审议方案形成以后。从20世纪60年代开始，日本体育的行政在各个自治体范围内依据《体育振兴法》进行重组，为1972年审议方案的实施提供了充分的条件。从扩大体育教室到增加自治体体育指导委员会成员，再到加大对高水平运动员的支持，体育本身发展的要求在全社会逐渐显现，为创造良好的体育环境打下了坚实的制度基础。

1972年通过的审议方案在日本体育的发展过程中具有非常重要的意义：其一，建立了系统的体育设施，大大促进了大众体育的发展；其二，强调了体育行政组织的地位，对日本体育整体组织结构的确立起到了决定性的作用；其三，在体育法制逐渐完备的基础上，体育行政能力也逐渐提高，体育在全社会更受重视，大大促进了整个社会风气及体育人文、体育经济等多个方面的发展。

1972年审议方案实行了近二十年。在这二十年间，虽然日本大力发展了大众体育，但是其竞技体育水平在世界排名中却出现了很大程度的下滑，这也证明了依靠大众体育自然发展竞技体育的道路是走不通的。现代竞技体育的竞争异常激烈和残酷，需要有专门的训练和措施作为保证，才能跻身于竞技体育强国之列。1972年审议方案的最大贡献是使得日本大众体育水平有了质的提高，为以后竞技体育的发展、良好体育文化的形成以及竞技体育与其他体育形式形成良好互动打下了坚实的基础。

二、1989年审议方案

日本的体育振兴事业走向法制化和明文化，其关键组织是体育保健审议会，体育保健审议会的审议方案制度是政策实施的条件，其调查研究结果是制定法律和计划的基础。参加体育保健审议的 24 名委员中包括日本体育协会议员 8 名、原奥林匹克运动员 3 名，这样就有近一半的成员代表着国家竞技体育发展，这样的审议方案必然会形成一种导向，体现出政府对竞技体育的重视。

1989 年审议方案的题目是《关于面向 21 世纪的体育振兴方案政策》，这次审议方案是面向 21 世纪的一个长期计划，是为日本体育事业指出发展方向的文件，与 1972 年的审议方案有很大的不同。日本体育政策经过长时间的准备与讨论，产生的最大转变就是对于国家主义和商业主义的重视，其本质在于发展竞技体育和职业体育。

中岛文相对保健体育审议会提出建议：一是发展多样性的体育形式，推进终身体育的发展；二是要让在世界大赛上活跃的运动员成为国民议论的话题并增强社会影响力，为此要积极推进竞技体育的发展。这个建议究其根源是针对 1988 年奥运会日本成绩不佳的问题提出的。1988 年奥运会日本金牌率仅为 1.76%，世界排名第 14 位，与 1984 年 4.52% 的金牌率形成巨大反差。有许多人认为是因为发展大众体育所致。但究其实质来讲，发展大众体育与竞技体育是不矛盾的。1972 年审议方案之后的几届奥运会上日本的竞技体育成绩有所下降的原因，是错误地认为只要发展了大众体育，竞技体育就会自然地发展，而忽视了对竞技体育人才的培养。1989 年审议方案明确表明："近年来，世界竞技水平有了显著的提高，日本运动员想要获得优异成绩变得非常困难。"所以，1989 年的审议方案把竞技体育又摆到了相当重要的位置。在竞技体育竞争日益激烈甚至白热化的今天，没有国家政策的支持，没有特别的强化训练，想在国际比赛中占有一席之地是一件非常困难的事情。

1989 年审议方案还指出，竞技体育应由学校、企业、地域体育俱乐部的培养和强化支撑起来，与此同时，应以日本体育协会及各中央运动团体为中心来提高竞技能力。但是在 1989 年，日本还没能建立起能发挥运动员最大能力的指导体制，很难把体育科学研究的成果应用到实践中去，教练员水平不够高，运动员强化训练的条件也不充分。因此，在 1989 年审议方案的十年后，一贯指导体制和强化训练的工作才被提到了议事日程。

1989 年审议方案有三个支柱思想：一是积极发展终身体育；二是振兴竞技体育；三是发展学校体育。另外，审议方案对企业和职业体育也作出了支持性的解释，特别是在竞技体育方面，要求各都道府县在考虑场地设施的时候一定保障一流运动员的日常活动和集中训练，在比赛场地的建设方面也要考虑到竞技体育和职业体育的需要。

日本某大学的女篮训练

三、2000 年审议方案

2000 年审议方案的题目是《关于〈体育振兴基本计划〉的存在方式》，以创造丰富的体育环境为目标。审议方案的依据是，青少年体力和运动能力下降，与体育环境有着直接的关系，需要进一步就近完善体育设施建设。竞技体育的国际竞技力长期相对低下，需要转变发展思路，制定具体的发展计划。

2000 年审议方案包括三个重要议题：一是充实终身体育、地域体育环境的建设；二是促进竞技体育国际竞争力的综合提高；三是与上述两点有关的终身体育、竞技体育和学校体育的协同推进。

如果说 1989 年审议方案把竞技体育提到了重要位置，那么 2000 年的审议方案就是对竞技体育发展的进一步深化，而且是建立在综合发展整个体育事业基础上的竞技体育深化。日本从中央到地方以发展体育事业为基本目标，提出了国家和地方自治体协同发展，为实现体育振兴而积极推进的各项政策。

因为综合性地域体育俱乐部不仅发展大众体育，而且还兼有发现体育人才、培养体育人才的任务，所以称为“综合性体育俱乐部”。其具有以下几个标准：一是俱乐部要有数个竞技项目；二是从儿童到老人、从初学者到高水平运动员，根据地域、年龄、兴趣、技术水平等特点，无论什么时候、无论什么水平都能充分利用；三是作为训练基地的体育设施、体育场馆要能够继续建设；四是根据个人水平和爱好的需要实施有效的指导；五是以所在地域的居民为主体进行运营。这五条标准实质上是为从事体育活动的所有成员提供了设施保证、指导保证，具有很强的综合性。

2000 年审议方案专门对竞技体育的发展制定详细计划，计划包括以下几个方面：

在政策目标上，积极推进具有国际水平运动员的培养和强化事业，在 1996 年的金牌率基础上，尽早完成倍增计划，实现金牌率达到 3.5%以上的目标。

在实现这个数量目标的同时，提出了在体育人才培养方面要具备综合宽广的视野，培养“有着优秀综合素质”的运动员，这样的规定为竞技体育运动员在弘扬体育文化、引领大众体育、发展体育产业等方面发挥作用打下良好的基础。在 1995～1999 年间，日本经济出现了下滑，有 100 多家企业把运动部解散，使日本体育的经济基础受到很大的影响，所以，创造积极的条件吸引企业对体育事业的支持、充实经济活动的发展也是推动体育事业的必不可少的一环。

在实施方案上，首先是构筑一贯指导系统。建立以加强运动员强化训练为目标的职业俱乐部，以大学、企业里的高水平运动员带动的职业俱乐部为基础来推进运动员培养；建立一贯性指导系统，确保从初级到中级再到高级运动员都能得到一贯性的高水平指导，由日本奥委会联合中央组织和大学、企业、地方自治体一起推进，明确责任，保证经费；研究发掘培养优秀运动员的方法，共享信息。其次是建立训练基地，以各地域为中心建立强化训练基地。再次是完善培养体系，建立综合的服务保障、专职高水平教练员与运动员的训练保障。从计划立案、运动训练、营养、心理、培养程序等各方面保证高水平运动员的需要；设立国家教练员学会，使高水平运动员的指导体系、战术战略、运动医学、体育相关科学知识得到广泛应用；国家体育科学中心和体育大学协同发展，确保研究者通力合作；在学校和各地域广泛开展一贯指导体系的学习和讨论，增进理解；创造能够使运动员专心训练的环境，并安排好退役运动员的职业培训和学习，建立运动员伤病保险，保险金额要足以保证运动员能安心训练。

另外，在竞技体育、学校体育和地域体育的协同发展上，计划还提出加强运动员社会活动的组织安排，希望通过优秀运动员带动青少年，推进高水平运动员进行技术指导，做出社会贡献。1989 年审议方案是日本对竞技体育重新重视的转折点，而 2000 年审议方案是在 1989 年审议方案基础上对日本竞技体育发展战略的进一步深化和具体化，并且建立了具有国际视野的训练和保障体系，在日本竞技体育的发展过程中具有重要的作用。

第四节　日本职业体育政策

表 5-1 显示了日本职业体育发展的基本历程，从表中可以看出，文部科学省

是主要的施政主体。日本国的职业体育政策还不是很多，文部省制定的《体育振兴法》以及《体育振兴基本计划》中对职业体育的部分有所涉及。

表 5-1　　日本职业体育发展过程中的主要事件

时间	事件
1900.12	财团法人日本职业体育协会成立
1993	日本职业足球联盟开幕
1994	《体育振兴法》修订(16.2 职业体育运动员的竞技技术活用)，体育振兴投票、日本体育学校健康中心法的修订
1998.5	第一回职业体育运动员的技术活用事业实施
9900.9	《体育振兴基本计划》，促进职业体育者社会的贡献

一、《体育振兴法》中有关职业体育的修订

1961 年，日本第一部体育法规《体育振兴法》诞生。这部法律的修订版的第 16 条第 2 款有对职业体育运动的竞技技术进行推广的规定，要求国家及地方自治体在实施体育振兴有关政策的过程中，不可忽视职业体育运动员在提高运动技术水平和普及体育运动中的重要作用，以努力实现运动技术的有效推广。

1974 年的 IOC 奥林匹克宪章开始允许职业运动员参加奥运会的比赛，1981 年重新颁布了各个项目的运动员参赛资格，1984 年洛杉矶奥运会的足球预选赛上出现了 18 岁以下的职业运动员。经过 1986 年 IOC 总会及 1987 年 IOC 理事会的讨论以后，1988 年汉城奥运会上，足球、网球、马术等项目都有职业运动员参赛。接着 1990 年东京奥运会修改了奥林匹克宪章，日本国内各项目协会和地方奥委会通过了职业运动员参加比赛的决定，这个决定促使《体育振兴法》对职业体育规定的修改。在《体育振兴法》修订讨论过程中，有人提出，“奥运会与世界锦标赛都允许职业运动员参赛，日本也需要转换一下思路，我们不能只按照自己的一条思维发展，而且成为职业运动员是许多孩子和运动员的梦想，我们要寻找更好的方法使日本的体育更有活力”。这个观点提出来以后，立刻引起了激烈的讨论，它实质上提出了专业与业余者共同发展相互协调配合的问题，并以此为契机对《体育振兴法》的职业体育规定进行了修订。

在对《体育振兴法》修订的同时，《体育振兴投票法》随之成立，《足球投票法》与《日本体育·学校健康中心法》的一部分修订案在国会上一起进行了表决。因

为《足球投票法》是以日本职业足球联盟的比赛为对象，看胜败进行赌球，涉及到赌博行为，所以必须由体育议员联盟来进行议员立法。有关国会议事录这样写道："《体育振兴投票法》的通过，使人们看到了体育振兴的希望，同时也引起了《体育振兴法》有关的修订提案，体育振兴与投票制度只是刚刚开始，制定职业体育的相关政策是将来必须解决的问题。"《体育振兴法》的修订与《足球投票法》的成立相呼应，在文部省对体育的行政预算不可能大幅度提高的情况下，足球投票的导入将会在很大程度上确保体育财政的来源。

二、《体育振兴基本计划》中的职业体育

《体育振兴法》及《体育振兴基本计划》对于职业体育作出了若干规定，从国家的角度来看，是以"提高国际竞技力"为目标的。

2000 年颁布的《体育振兴基本计划》是以《体育振兴法》为基础制定的十年规划，由面向终身体育的地域体育环境建设方案政策转为综合提高国际竞技力的方案政策，由终身体育、竞技体育、学校体育协同推进方案政策三个部分组成。其中第二部分还专门提到了职业体育运动员对社会的贡献。

一级目标是完成体育振兴和形成一个活力社会，大力促进职业体育的发展。计划分析了职业体育的现状和问题，重申了观赏体育的重要性。职业体育在日本发展之初，主要目的是作为观赏体育，《体育振兴法》修订以后，更加肯定了职业体育的发展方向，认为其提高了青少年对体育的兴趣，开阔了体育视野，并使职业体育作为高超的技术有效地提高了日本竞技体育水平。计划明确表示要引导职业体育对社会的贡献，包括宣传贡献和技术的传承贡献，职业联盟与运动团体之间要紧密配合、共同发展、强化提高。

文部省对职业体育也进行了进一步的规划。根据《体育振兴法》的修订内容，1990 年财团法人日本职业体育协会设立，1994 年第一次业余·职业交流会议召开，从此每年都要召开业余运动员与职业运动员的交流会议。1999 年日本开始对职业运动员的技术进行推广，职业运动员从技术、精神、生活等层面对业余运动员进行经验传授，运用合理有效的训练理念和方法对业余运动员进行指导，提高了其运动技术水平。

社会表彰制度在 1990 年也发生了变化，从原来以对业余运动员的表彰为主扩大到了职业运动员，贡献较大的职业运动员也能获得文部大臣颁发的勋章。

三、地方自治体的职业体育

地方自治体在各自的地方体育振兴计划中也把职业体育考虑了进去。比如有调查显示，在都道府县的体育振兴计划中，企业、民间、职业体育三者协同发展

的政策设计占到了30.7%，地方自治体的体育振兴计划需要考虑各个地方的实情。上文已论及职业体育在国家层面上提高竞技水平、促进社会发展的贡献，实际上，各地方自治体也有提高竞技水平的体育振兴计划。例如，埼玉县体育振兴计划就包含了竞技体育的振兴和职业体育的协同议项。其内容是县内的职业体育协会、体育联盟、运动团体进行协作，以提高竞技水平为目的，加强教练员的派遣和训练活动，促进体育合同、教练员研修、交流比赛、队伍的强化训练等业务发展。2003年，爱媛县也制定了体育振兴计划，“竞技体育的振兴”一部分表明，要在国际运动会、全国运动会的比赛中合理地发挥职业体育、社会人体育、基地建设等积极因素。地方的这些振兴政策直接把目标指向高水平的竞技运动，对提高日本的竞技体育水平和增加体育人口等都有很大的意义。

另一方面，竞技体育的振兴不能仅仅依靠运动技术水平的提高，从观赏体育的角度出发也能有效地促进竞技体育的发展。例如，新潟县2006年制定了县民体育振兴计划，计划的第三部分涉及了竞技体育振兴政策的推进，明确提出振兴观赏体育，在各地域广泛地发展观赏体育项目：“作为县民，地域密集型职业体育的表演就在身边，我们处在体育的快乐和感动中，这些都培养着我们对故乡的爱，职业运动员和地域的国民通过积极沟通和交流构筑了相互支持的感情，职业体育的振兴是健康向上的新潮追求。”

在地方自治体中有若干职业体育运动团体存在，体育振兴计划的制定必然要考虑到这个问题，以国家的《体育振兴基本计划》为基准制定适用于本地域的体育振兴计划，是国家政策得以实施的保证，所以新潟县把职业体育的内容写进计划之中，为竞技体育的振兴提供了更多的途径和平台。在新潟县这样重视职业体育和观赏体育发展的县市，我们能够明显地感受到地域的活力和体育振兴计划实施的效果。

日本财团法人职业体育协会由各职业体育团体构成，1968年举办了一次职业体育会议，会议的目的是促进职业体育的振兴和各职业团体的相互交流。这次会议成为日本职业体育协会的母体。1990年，文部省认可了日本职业体育协会的财团法人地位。从2006年到现在，财团法人日本相扑协会、社团法人日本棒球协会、社会法人日本职业高尔夫协会、社会法人日本女子高尔夫协会、社团法人日本职业足球联盟、日本职业拳击协会、社团法人日本职业保龄球协会、一般社团法人日本舞蹈协会、株式会社日本赛车协会、新日本跆拳道协会、日本中央赛马会、地方赛马全国协会、财团法人自行车协会、财团法人摩托艇会等15个团体相继加盟，各团体所属运动员合计超过了2万人（日本职业体育协会资料，2010）。日本职业体育的发展，充实了国民的余暇时间，同时也提高了职业运动员的社会地位，吸引了国民对体育运动的关心，实现了日本体育协调发展的目的。职业体育与休闲娱乐体育一起，通过开展丰富多彩的活动，把整个国民的积极性调动起来，共同支持着日本体育的发展。

日本某小学的足球场

第五节 《日本奥委会金色计划》

财团法人日本奥林匹克委员会(JOC)是日本民法中的特定公益法人，主要承担提高国际竞技力和宣传奥林匹克精神的任务。2002 年，日本奥委会在《体育振兴基本计划》的基础上，同步制定了《日本奥委会金色计划》(以下简称《金色计划》)，直接以发展日本竞技体育为目的，成为日本奥委会提高国际竞技力的战略计划。

一、现状与环境分析

该计划首先分析了日本竞技体育的现状：第一，从成绩方面分析，日本在奥运会历史上分别于 1964 年和 1976 年创造过优异成绩，但当时的竞技水平已经不复存在，自从 1988 年以后，日本体育竞技水平长期处于低迷状态。第二，从日本人口状况来分析，存在着人口老龄化和青少年越来越少的问题，再加上劳动时间不断减少，人们的健康状况并不乐观。第三，对中学体育联盟的调查发现，中学运动部相对减少，造成这种情况的原因是休闲方式的增多和青少年本身数量的减少。第四，企业体育部衰退，在经济长期低迷的状态下，企业从竞技体育中撤离。第五，1980 年奥林匹克宪章得到修订，开始允许职业运动员参赛，加上商业和职业体育的发展，造成项目水平的参差不齐。

计划还将日本竞技体育发展情况与其他国家进行了对比分析：一是从经济

基础来看，日本作为经济大国，其体育成绩与经济发展水平并不相称(参照金牌数前几名的国家获得的金牌数与其国民经济生产总值的相关关系，日本应该获得 60 枚左右的奖牌，但实际却不足 20 枚)；二是从体育的发展主体来看，德国、英国、澳大利亚等发达国家大部分都是以俱乐部为主体推动竞技体育的发展，提高国际竞争力的水平，发展的过程中能直接得到国家法律的保护和中央政策的扶持，与日本相比就占有了很大的优势；三是从财政支持来看，各国通过体育彩票、足球博彩、市场运作、寄付金等多种渠道进行综合运营，为竞技体育的发展提供广泛的财源。各国的模式虽各有不同，却都是为提高国家的体育竞技水平服务的，在国家不可能全额支持的情况下有效地推动了各自国家竞技体育的发展。

二、《金色计划》实施的策略分析

日本奥委会在分析了日本国内外情况的基础上，依据《体育振兴基本计划》中对竞技体育的要求制定了《金色计划》。《体育振兴基本计划》中明确提出提高竞技体育国际竞争力战略。为此，其一，要达成《体育振兴基本计划》中的政策目标，必须实施与强化专业训练俱乐部和训练保障相应的政策，具体是建立针对运动员的专业俱乐部，针对教练员建立国家信息中心和国家教练员学会，发挥国家训练中心和科研中心的科研保障力量，针对现在的学校和企业的实际情况，建立新的企业联系机制和大学运动部的专项课题研究。其二，针对《体育振兴基本计划》的第二项目标，与国立体育科学中心一起发展体育医・科学的研究和反兴奋剂工作。其三，在上述计划的基础上独立开展活动，包括对运动团体和运动员的支持、对收集科学研究信息的支持、对运动员强化训练基地进行改善的支持等，为提高竞技体育的国际竞争力提供有力的保障。

1. 强化训练运动员俱乐部计划

强化训练运动员俱乐部主要包括两种：一是较高水平的运动员俱乐部，二是初级但有潜质的运动员俱乐部。两种俱乐部要在现有的奥林匹克强化指定运动员制度的基础上扩大发展。强化训练运动员俱乐部应与《体育振兴基本计划》中构筑运动员一贯性培养系统配合进行，具体政策包括：提供体育医・科学的研修机会和教练员、运动员的国际体育交流机会；以学校、综合性地域俱乐部为基地，灵活运用大学和民间的体育设施，利用网络平台等进行俱乐部间的信息交流活动。

2. 国家资料信息计划

资料和信息在现代竞技体育的发展过程中发挥着越来越重要的作用，建立国家体育科学中心的目的是使信息和资料的掌握向专业化方向发展。现代竞技体育不仅仅表现在场内的竞争，而且还体现在场外的竞争，早一步掌握国际运动训练的发展动态，学习先进的训练方法和经验是成功的必经之路。同时，将体育医·科学的理论研究成果与运动训练相结合也是现代运动训练发展的重要趋势。针对竞技体育竞争日益激烈的今天，对各个国家的运动员和教练员资料、实施策略资料、科学研究资料等一系列信息的掌握是资料信息技术向专业化方向发展的重要途径。

3. 国家教练员学会计划

要培养出一流水平的运动员，教练员必须具备国际水平的指导方式和科学知识。要达到这样的目的，需要构筑专门的研修制度并对此进行强化和指导。日本奥委会具有此项事业的主导权，具体来讲，一是要合理利用和发挥教练员学会的作用；二是加强体育大学、体育院系和国立体育科学中心之间的紧密联系，深入研究，创造新的成果。教练员学会的任务并不仅仅是掌握现有的训练方法，而且还包括学习最新国际形势、信息、训练理念、外国语研修、电脑和网络的运用、科研成果的合理运用等，应加强与国外高水平教练员学会的联系，共同学习与运动训练有关的知识和技能。

4. 运动员培养计划

《体育振兴基本计划》还明确提出了一贯性指导体制，针对运动员的各个发展阶段，实施最优的指导方式，制定符合一贯性原则的运动员培养计划。

日本奥委会从 1998 年开始推动一贯性指导系统构筑，在全部运动团体中建立组织，在中央指导班指导下由各运动团体进行具体实施。中央指导班与各运动团体要建立健全中长期的强化训练理念和指导方针，并把这种理念和方针在各个运动项目中进行普及和贯彻。中央指导班与各运动团体一起召开高水平教练员的联络会议，会议研究选拔、发掘、培养有潜质的青少年运动员的手段和方法，研究促进运动员的技术、体能等训练信息共享的方法，不断强调和深化《金色计划》的实施，促进有潜质运动员的项目转移和训练理念的更新。各个运动团体要有明确的政策实施目标，针对不同项目、不同年龄阶段确定不同的指标，建立训练、选拔、评价的科学体系。

日本某幼儿园的健身场所

5.其他方面实施的计划

日本奥委会推出《金色计划》的直接目的就是振兴日本竞技体育，也是为完成日本《体育振兴基本计划》中的政策要求，以日本奥委会为中心展开中央到地方各运动团体的政策支持。这个计划明确提出了对运动团体的支持方式，并提出重点扶持有希望夺得奖牌的项目，在政策、资金、科研以及与其他部门的联系上，为运动团体提供全方位的服务。在强化训练的过程中，对运动员的选拔与资格确定、教练员的培养和进修、体育信息的收集以及设施的调查和充实等方面提供支持和保障，详细规定了委员会、课题组、事务局等各个部门的责任和义务；组成了强化培养委员会、情报战略专门委员会和医·科学专门委员会三个协调组织部门。

另外值得一提的就是加强各运动项目之间的信息共享，并促进同项目群体之间的交流。日本奥委会把全国的体育项目分为三类，即球类系列、格斗系列和艺术系列，在这三个系列中分别实现了比赛分析、体能训练、提高竞技力战略制定、环境强化、技术交流、训练合同及训练报告共享、海外交流、海外调查、营养心理和讨论会议等方面的共同研究。

小　结

日本战后体育制度与政策表现出的一个最大特点就是严格的法制化、制度化，依法行政成为日本发展体育事业的重要手段，这也是战后日本体育管理体制与战前的主要区别。另一个特点就是大众体育、竞技体育、职业体育、终身体育同步发展。在相关法律和制度中，丝毫没有表现出日本对竞技体育的忽视，而是明显体现出政府对竞技体育的重视。但在东京奥运会后，日本试图通过发展大众体育而使竞技体育水平自然提高，这种思路经过实践证明是行不通的。所以，1989年以后，国家为提高竞技体育水平而制定了专门的政策与措施。从某种意义上来说，日本竞技体育的选材以有兴趣参加体育运动的青少年为基础，其出台的政策在青少年的培养方面下足了功夫，这也预示着今后日本整个社会在体育文化方面的繁荣。其中包括让国民在青少年阶段广泛接触多个运动项目，以发现各自在某些运动方面的潜力，同时在青少年阶段即摒弃胜利至上主义，注重整体素质的提高，这些都充分显示了竞技体育的教育功能。在优秀运动员的培养方面，日本注重培养运动员的整体素质，促使优秀运动员成为优秀社会文化的代表，成为青少年教育的榜样。此外，在提高运动员技术水平方面日本也采取了训练、科研、信息共享与交流、管理和保障等方面的系统措施，这也是日本体育能在当今世界体坛占据一席之地的重要原因。

第六章　二战后日本竞技体育管理体制的发展过程

第一节　以奥运会为契机初步形成的奥林匹克行政

日本完备的体育行政就是以奥林匹克为契机而形成的各省厅相互联系的行政体系，体育事业由文部省单独执行逐渐过渡到以文部省为中心、多省厅协调配合的状态。它的行政目标在于实现保健体育审议会审议方案的权威性，充分表达政府发展体育的决心，在这样的条件下，日本体育行政伴随着有关体育法规政策的颁布实施而展开。

《体育振兴法》在 1961 年 9 月开始施行之后，文部大臣向保健审议会咨询了相关问题，包括体育设施整备的基础标准、体育测试的内容和方法、学校饮食的供应和国内产品的利用等问题。这个问题源于罗马奥运会日本成绩不佳，因此，在东京奥运会之前，日本提出增强儿童、青少年以及一般劳动者体力的问题。结合对这个问题和以后的粮食供应、提高儿童体力等问题，同时结合 20 世纪 60 年代日本产业界劳动力变化的进程，日本政府制定了国民体力测试标准。遗憾的是，日本政府在提高了全社会关注体育的热情后，却没有提出场地设施建设的标准，使得体育发展的步伐变慢了许多。

文部省体育局 1962 年开始实施体育教室的建设补助，在高唱奥林匹克精神的同时，对国民体育进行补助。运动竞技科普遍改为体育科，《体育振兴法》中的对青少年的奖励政策得以实施，日本体育协会体育少年团成立，物质和精神两方面都有了一些发展。1963 年 4 月，体育局成立奥林匹克科。1964 年，日本政府发表了《日本体育现状的调查》并进行了广泛传播，在这样一个基础上形成了社会整体关注奥运、关注体育的状态。

1964 年 6 月 3 日，离东京奥运会开始还有 4 个月的时间，审议会提出制定《体育振兴基本计划》的提案，提案的内容是关于东京奥运会后体育振兴策略的调整,7月24日报告发布,其中提出了若干个具体方案来发展体育振兴事业。但是,由于奥运会的设施还在最后的突击建设过程中,人们关注的焦点仍然是东京奥运会的方方面面,这个提案就再没人关注了。不仅仅是这个提案,除东京奥运会之外的所有关于国民大众体育发展的提案都搁浅了。这个时期是日本在二战以后体育政策集中出台的阶段,但举办东京奥运会是整个国家的体育工作重点。

《体育振兴法》的颁布,东京奥运会的举办,奥林匹克精神的传播,这些都使日本体育事业迎来了前所未有的发展契机,不少体育教练员成为审议会的成员,体育少年团纷纷成立,地方自治体也成立了体育行政组织等。《体育振兴法》的影响力在不断扩大。

东京奥运会以后,国民体力的问题被提上了议事日程,从总理府到地方自治体,提高国民体力的活动多了起来。体育事业从"文部省——教育委员会——各市町村社会教育科"的教育行政发展之路,到"总理府——各行政首长部局"的行政发展之路,再到以体育行政为主的"宪法——教育基本法——社会教育法——体育振兴法"的法制发展之路,呈现了日本体育政策发展的大体历程。在这样的一个发展状态下,体育不再是社会的一个独立领域,而是扩大到一般的文化行政之中了。

20世纪60年代后期,审议会提出"公共体育以地域为中心"的发展理念,把体育事业提到相当高的位置上来,为后来70年代体育设施的建成、国土资源的开发、体育产业的发展注入了强大的力量。地域意识在战后重新回归,使得人们从体育之中找到了生活的本质,同时也对体育的发展提出了更高的要求。

为了提高竞技体育的水平,审议会于1967年7月提出了提高对外运动竞技水平的议案。经过两年的调查,1969年6月进行审议。但这两年间只完成了体育水平的调查,没有解决根本性的政策问题,围绕国民体育的问题有必要进行一次大规模的研讨。所以,后来又进行了体育普及振兴有关方案政策的讨论。保健审议会于1970年2月进行了义务教育各学校的营养补充改善方案政策的研究论证,论证中提出了"制定体育普及振兴基本方案"的课题。体育局于1969年夏天就开始进行大规模的调查,以此为基础资料于1971年6月发布了中间报告,1972年12月提出审议方案。这个审议方案直接制定了当时的地域综合开发计划,产生了划时代的影响。

1971年,教育界的社会教育审议会、中央教育审议会出台了审议方案,教育界和产业界人员都被邀请来听取审议方案。在听取审议方案的过程中,保健体育局发布的中间报告引起了体育行政内部的强烈反响。中间报告提出发展体育事业的前提是建设符合国民需要的体育设施。该报告为其后体育的振兴发展起到了划时代的推动作用。

由这样一个发展过程可以看出，以奥林匹克为主线，20 世纪 70 年代是一个初步确立奥林匹克行政基本思想的过程。在这个过程中，首先是有关体育设施设备问题的讨论与政策制定，其次是借助东京奥运会的强大影响力，使体育振兴法所规定的政策逐渐展开，引导着全民关心体育、支持体育。有资料表明，曾有机构对这个时期日本竞技体育在国际上的竞争力做过调查，虽没有最终形成具体方案与对策，但其中却蕴含若干发展奥林匹克行政的思想。在这种思想的指导下，当发展的方式和途径不能达到预期目标的时候，有关部门就会对方案重新进行调整。所以，至 20 世纪 70 年代，一个完整的面向日本奥林匹克行政的路线就初步形成了。

奥运五环标志

第二节　竞技体育的运动员强化体制的建立

东京奥运会是日本体育发展的一个重要里程碑。二战失败后，日本需要寻找另一种途径来证明自己，于是奥运会便成了较好的载体。

1959 年 5 月，日本文部省决定，体育协会和加盟的运动团体以奥运会为中心开展工作。工作从三个方面展开：一是运动员的强化集中训练；二是为强化事业服务的教练员培养；三是技术研究。政府的支持使得体育协会和运动团体的工作更容易进行，新上任的体育协会会长津岛寿一这样说："我们有必要建立运动员强化对策，奥运会在日本召开，组织运营工作不能出一点纰漏，日本代表团的成绩也是非常重要的。"这也表明了运动员强化训练的必要性。当年 12 月东京奥运会运动员强化训练座谈会召开，更直接确定以日本体育协会与日本奥委会JOC作为运动员强化训练的本部。

运动员强化本部从机构上相当于日本奥委会的一个委员会,各项具体工作则由日本体育协会与日本奥委会协同推进。日本奥委会本着对东京奥运会负责的态度,成立了运动员强化本部,这样一来,作为直接为国家服务的运动员强化本部,其权限实际上已经超越了体育协会的各个机关。这个组织由运动团体代表以及文部省、有关团体、中体联、高体联的代表、学者等55人组成,形成了一个正式的决策审议机关。

运动员强化事业只依靠中央的决策是不可能达到预期目标的,还需要与地方有机地结合起来才行,因此日本体育协会向各地方体育协会下发了一个委托书,内容是关于东京奥运会运动员强化培养的地方扩充促进方案。东京举办奥运会是一项大事,为了保证奥运会的圆满成功,优秀运动员的发掘和培养工作就要求由中央和地方协作展开,为此,各县的长官和教育委员会的领导全力配合并积极促进了方案的委托工作。

对于运动员强化事业,地方自治体还需要完成另一个任务——发现和培养人才。因为这种强化不能只针对最高水平的运动员,还需要在全国范围内发现和培养人才,这样才能建立长效的人才培养机制。发现人才最有效的方法就是举行全国性的学生比赛,因而中央和地方共同改革了学生参赛的方法,由教育部的有关部门和机关主办学生的比赛,并由他们组织学生参加非教育团体主导的体育比赛。

从方法上来说,早在东京奥运会之前,日本就已经实行过运动员的强化事业,并且在东京奥运会上取得了良好成绩。在那之后,日本竞技体育多年低迷,运动员强化事业也基本荒废了。然而,当日本政府意识到只依靠发展大众体育并不能直接使竞技体育走向新的发展阶段时,运动员强化训练体制必然被重新提到议事日程上来。所以直到现在,日本运动员的强化体制仍在发挥着作用,这是日本体育发展过程中竞技体育管理的另一个重要特征。

第三节　以提高国际竞技体育能力为国策的政策确立过程

日本《体育振兴法》将日本的竞技体育政策更为明确地表述为提高国际竞技力的政策,换言之,就是提高日本国的竞技体育水平。在国家政策的议事录中,这始终是一个讨论的焦点,但在表达方式与方向上却众说纷纭。总的来说,提高国际竞技水平的直接政策执行部门是文部科学省体育·青少年局竞技体育科,协同推进的组织是财团法人日本奥委会、财团法人日本体育协会及各中央运动团体。下面主要阐述的是提高竞技运动水平作为一项国策被确立的来龙去脉,以及这项国策的组成。

1956 年 6 月，东京获得了第十八届奥运会的主办权，从此日本在各运动团体展开了运动员强化和提高竞技能力的工作。作为东道主，日本体育协会把追求成绩作为第一要务，与 20 个运动团体代表、学者、文部省官员、日本奥委会共同设置了"东京奥林匹克强化对策本部"(1961 年 1 月)，五年间国家对这项工作的直接投资共计 6.5 亿日元，是日本国际竞技能力增长的第一个重要契机。

日本曾经是游泳王国、体操王国、田径王国，这个辉煌的时代已经成为历史。在 1960～1978 年间，日本体操曾获男子团体十连冠的优异成绩。加藤泽男(现筑波大学教授)个人曾获 8 枚奥运金牌、12 枚奖牌，当时在整个国际体操界轰动一时。不仅仅是在传统优势项目——柔道项目上，日本在摔跤、排球等奥运会项目上均获得过较高的名次。除此之外，自 1951 年第一届新德里亚运会到 1978 年曼谷亚运会，日本金牌数长期保持第一名。正是这样的成绩，使日本长期活跃在国际竞技体育的舞台上。以东京奥运会为契机，要想增强日本竞技体育在国际上的竞争力，如何制定相应的政策就成了文部省的主要任务之一。

1980 年以后，日本代表团的成绩在奥运会、亚运会、世界锦标赛等国际比赛上急速下滑，本来位居世界领先地位的项目也逐渐痛失奖牌，奥运会的金牌也只集中于柔道项目。而在亚运会的赛场上，自第九届新德里亚运会获得金牌榜第一名之后，第十届汉城亚运会就与韩国并列第二名了，后来更降到第三名。

针对这种状况，指责日本国际竞技能力低下的人越来越多。为改善这种状况，当时日本政府的有识之士进行了深刻的讨论和详细的调查。1987 年 4 月，临时教育审议会《针对教育改革的第三次答复》、1988 年 3 月体育振兴座谈会《有关体育振兴事宜的报告》、1989 年 11 月保健体育审议会《面向二十一世纪的体育振兴方案政策》等诸多文件相继出台。这些文件正式提出了提高日本竞技体育的国际竞技水平，并公布了许多具体的政策。

需要特别指出的是，有关体育振兴的报告书指出，提高国际竞技能力是国家的重要政策课题，国家层面迫切需要制定发展体育振兴的基本计划。这几份报告都提出提高国际竞技能力的方案，共同指向国家的重视程度不足。文部省大臣咨询机关保健体育审议会，作出将提高日本国际竞技能力作为体育振兴基本方向的决定。保健体育审议会则制定了具体举措，如配备体育设施设备(这里主要是国家体育科学中心和国家体育训练中心)、建立一流运动员和教练员培养体制、促进体育科学的研究与竞技体育相关项目的合作、加强体育的国际交流、促进职业体育的健康发展、充实体育振兴资金等许多提议。在这些提议的基础上，国家以及地方自治体逐渐制定了相关政策，以提高竞技体育的水平。

但实践证明，这样的政策力度明显不足。在 1992 年巴塞罗那奥运会和

1996年亚特兰大奥运会上，日本都只获得3枚金牌，20世纪90年代的日本在奥运会、亚运会上也并没有上佳表现。所以，许多人并不认为20世纪90年代日本体育的国际竞技能力有所提高。

针对这种情况，1996年12月，文部省大臣对保健体育审议会《关于今后日本的国家竞技力向上方案政策》进行询问，并作为讨论课题，提出《终身体育、健康寿命增进的有关教育方案以及体育振兴的方案政策》的咨询，要求审议会于第二年9月前答复。保健体育审议会经过详细的调查研究，向文部省提出了中间报告和最后的答复，构建了提高竞技体育能力的体系，并对优秀教练员的一贯性指导系统、训练场所的设施设备(国家训练中心)、教练员的充实、中央运动团体的存在方式等提出了若干建议。

1999年9月，文部省大臣又向保健体育审议会咨询《体育振兴基本计划》的存在方式问题，要求拿出审议方案。2000年9月，文部省告示第151号《体育振兴基本计划》正式出台。以1961年制定的《体育振兴法》第4条提高竞技体育水平为基础，日本的综合提高国际竞技能力的方案和政策成为《体育振兴基本计划》的重要内容。至此，提高竞技体育的国际竞技力作为日本的一项国策正式形成。

以国策的地位确立发展竞技体育的思想在很大程度上促进了日本竞技体育水平的提高，从结果来看，这项国策是成功的。因为在短短一个奥运周期内，日本就完成了金牌率的倍增计划——2004年奥运会金牌率达到了3.98%。

日本某大学的网球场

小 结

本部分回顾并总结了日本体育管理体制的形成过程及特征。一言以蔽之，日本是以奥林匹克行政为主线，形成了作为国策发展体育、特别是发展竞技体育的思想与实践。现代国际意义上的竞技体育与奥林匹克运动是密不可分的。换言之，发展竞技体育的目的就是为了在奥运会上取得好成绩，进而以竞技体育为龙头带动整个社会体育的发展。这样一条主线也表现出了日本竞技体育管理体制发展的基本特征，即遵循了从奥林匹克行政到以提高竞技体育国际竞技力为重要国策之一的发展轨迹。

第七章　日本竞技体育政策的施行

第一节　日本竞技体育政策在中央层面的实施

2001年1月，伴随着中央省厅的改革，日本在全省厅内导入了政策评价制度，文部科学省以2002年4月《行政评价法》为基础，制定了《政策评价基本计划》和《政策实施基本计划》，对本省推行的政策、方案、事业进行了政策评价，评价包括三个方面，即实绩评价、事业评价、综合评价。这个制度的实施，充分体现了文部省的使命：教育、科技·学术、文化、体育的振兴都是面向未来的事业，要进行优先投资，这样才能实现人才、教育、文化和科学技术立国的发展目标。以此为本，文部省制定了9项政策目标和44项实现的手段，其中第7项政策目标就是体育振兴，实现手段是“终身体育社会的实现”“提高日本的国际竞技力”及“充实学校体育”。其中第2项是文部科学省的主要政策课题，同时也是日本的一项基本国策。

一、日本竞技体育事业的主要内容

表7-1根据文部省2004年的统计数据制成，是日本为提高竞技体育水平而实施的各项政策的基本状况。从此表可以看出，日本竞技体育的施政是从日常训练、一贯性指导体制、集中强化训练、教练员培养、体育医·科学·信息、高水平体育联盟、国际竞技大会参赛安排、高水平运动人口的增加等八个大的方面进行的，小的方面则包括了24项，不再赘述。由于日本体育的振兴计划周期是十年，所以2004～2009年，日本竞技体育的政策没有发生太大的变化，但是由于日本社会的经济状况改变较大，体育也在无形之中进行着变革。这些变革是自然存在的，并不一定按照政策的导向改变，比如日本在2008年奥运会的成绩出现了下滑，正是社会在悄然发生变化的一个良好例证。但是社会自然的变革速度远不如政策导向变化的速度，所以2009～2010年，日本为了发展体育也陆续出

台了几项重要政策,引领了日本体育的发展。

表 7-1 日本竞技体育事业一览表

实施的事业	内容
日常训练(体育振兴基金)	提高运动员技术水平的有计划的日常训练,2004 年预算 2.77 亿日元,指定强化运动员占所有运动员的 19.8%,对有望获得奖牌的运动员全额补助
俱乐部(高水平体育俱乐部)	脱离企业的运动队,地域高水平体育俱乐部,2004 年预算 1.22 亿日元,委托团体 6 个
构筑系统的训练体系(运动员培养体系模型)	根据运动项目的特点及运动员的发育、发展阶段强化培养方针和具体的培养程序模型,同时确立教练员的训练方法模型,2001～2002 年的两年间实施了 12 个团体
运动员发掘和强化培养(体育振兴彩票)	以培养运动员的程序为基础,对有潜质的运动员进行发掘和培养。2004 年预算 0.98 亿日元,2002～2004 年实施了 31 个团体
基地运动员强化和国家训练中心的建设	国家训练中心和基地的有关训练设施的加强,2004 年预算 42.94 亿日元
集中强化训练	日本奥委会与各团体配合进行的国内外集中强化事业,从 2000 年开始实施,2004 年预算 8.06 亿日元,2000 年集中强化 268141 人·天,2004 年 604006 人·天;2000 年海外强化 6056 人·天,2004 年 31681 人·天
强化训练(体育振兴基金)	运动团体国内外的集中强化事业从 2000 年开始,2004 年预算 0.77 亿日元,2000 年集中强化 10521 人·天,2004 年 9325 人·天;2000 年海外强化 1698 人·天,2004 年 2079 人·天
强化训练(重点项目强化事业)	以在奥运会上有望获得奖牌的项目和运动员、竞技团体为对象,在国内外的集中强化事业从 2003 年开始,2004 年预算 4.1 亿日元,集中强化 13399 人·天,海外强化 9295 人·天
国家训练中心的训练(NAASH 运营费交付金)	高水平运动员的集中强化训练的设施提供(设施提供事业)

续表

实施的事业	内容
专任教练员的补助	日本奥委会对奥运项目的专任教练员配置事业的补助从 2000 年开始，2004 年预算 3.94 亿日元，2000 年 24 人，2004 年 47 人；2000 年 22 团体，2004 年 29 团体；2000 年 1.1 人/团体，2004 年 1.6 人/团体
国家教练员学会的调查研究（国家级教练员的培养程序模型事业）	对高水平教练员进行的高度专业能力的学习和研修制度的调查研究从 2003 年开始实施，2004 年预算 0.17 亿日元
教练员培养事业（日本体育协会补助）	以为国家队的强化训练教练员为对象，针对运动损伤和体育医学进行的知识、技能培训补助。2004 年度预算 1.35 亿日元；资格获得者达 473 人（2000 年）和 812 人（2004 年）
年轻教练员长期在外学习的支持（体育彩票）	日本奥委会支持年轻教练员长期在海外进行专业研修，以培养未来的体育人才。2004 年预算 0.2 亿日元
TSC 事业	以高水平运动员为对象的，康复、体能、技术、精神、营养等运动员各方面身心状态进行评价和诊断，提供有效的数据和建议。TSC 服务利用者 1330 人（2004 年），报告服务对象项目数 21 个（2004 年）
体育诊疗事业	以高水平运动员为对象，对体育外伤和其他伤害及疾病的诊疗及康复、心理、营养方面的咨询体育诊疗受诊者为 1448 人（2004 年）
体育医·科学事业	以高水平运动员为对象，客观地评价其体力、技术、状态，并进行战略、战术、针对项目特点的适合个人的训练方法的研究。与 JISS 协作的项目数 13 个（研究课题 23 个）（2004 年）
体育信息事业	有关提高运动水平的各种信息收集、加工、储存，向运动员教练员等提供。收集信息数 1700 件，提供 365 件（2004 年）
高水平联盟的运营补助	高水平联盟的运营补助，2004 年预算 1.77 亿日元，2003 年补助对象 7 团体，2004 年补助 8 团体

续表

实施的事业	内容
奥运会派遣运动员补助(JOC)	JOC对奥运会等的运动员派遣事业的补助,2004年预算1.37亿日元;国际大会,2000年439人参加,2004年654人参加;总人数:2000年2929人,2001年2835人,2002年3029人,2003年3335人,2004年3321人
体育国际交流(JOC)	与世界高水平国家的运动员、运动队的交流。2000年派出31项,103场,1543人;招待3项,3场,60人。2001年派出32项,100场,1671人;招待4项,5场,127人。2002年派出35项,188场,2552人;招待4项,10场,266人。2003年派出36项,233场,3772人;招待4项,7场,141人。2004年派出36项,219场,2912人;招待2项,2场,62人
体育团体强化训练队伍派遣和招待(体育振兴基金)	为提高体育团体的竞技水平,有计划地组队到国外比赛或在国内比赛。2001年开始,2004年预算0.97亿日元,从2000年到2004年,分别派遣41、43、51、41、39次,招待0、0、0、1、0次
体育团体重点项目的强化训练队伍的派遣及招待(竞技强化事业补助)	体育团体,有希望获得奖牌的项目,重点计划。派往国外对抗比赛或参加国内对抗比赛,2004年预算1.8亿日元;2003年派出47次,招待3次,2004年派出61次,招待0次
国际运动大会的承办	向体育团体提供的举办国际比赛或全国比赛的补助,由体育振兴基金和体育彩票两方面补助组成
普及活动(体育彩票)	竞技团体举行的普及活动

二、"日本复活计划"的提出

日本对于奥运会成绩是以金牌率(金牌率是指获得金牌数占所有金牌数的比率)计算的,因为毕竟日本还属于第二集团,如果仅以金牌数量计算难以衡量出微小水平的变化。关于日本发展竞技体育的目标在《体育振兴基本计划》里有着非常具体的表述。1996年,日本在亚特兰大奥运会上的金牌获得率是1.7%,因此日本的第一步目标是"倍增计划",力争早日达到3.5%。计划的目标是争取在2001~2010年的十年内实现,并争取五年内所有的计划都能得到实施,并看到计划的效果。如果从这个角度来分析的话,在2004年雅典奥运会上,日本金牌率已经达到了3.98%，可谓提前完成了既定目标。2006年9月，日本进一步修订了对这个计划的解释，对金牌率以夏季奥运会和冬季奥运会的总和来计算，这样更能够从整体上客观地评价日本竞技体育的水平，目标指向更为明确。在都灵冬奥会上，日本金牌率是0.4%，按照这样的计算方法，雅典奥运会与都灵冬奥会日本的金牌率就是3.22%。从北京奥运会与温哥华冬奥会上的日本代表团的成绩来看，日本已经接近预定的目标。

文部科学省在《体育振兴基本计划》的解释中规定了明确的政策目标，即到2010年奥运会时奖牌总获得率要实现3.5%。为了达成这个目标，从2003年开始，日本对具有国际水平的一流运动员开始了强化培养，至此展开了“日本复活计划”。当然，这个复活计划并不是单独实施的事业，还涉及提高国际竞技能力的一系列事业的预算和执行措施。对于经费的保证，“日本复活计划”有着明确的安排。目标分为两类，“施政目标”之下又规定了“达成目标”，实质上是两个层次的目标，或者说施政目标是总目标，而达成目标是分步目标。所以，达成目标是施政目标的下位目标，具体如表7-2所示。

表7-2　提高日本的国际竞技力——“日本复活计划”实施政策

施政目标72　提高日本的国际竞技力

到2010年，在奥运会上实现奖牌获得率3.5%(2001～2010年)

目标	时间	内容	经费
达成目标72.1：有利于运动员培养的以俱乐部为基础的一贯指导体制的整备	2006～2008年	运动员培养和职业俱乐部普及促进事业	2006年：0.12亿日元。
达成目标72.2：到2008年，把国家训练中心建成具有硬件软件两面都较充实的真正的基地	2003～2008年	训练中心的整备推进	2005年：41.94亿日元；2006年：127.39亿日元
达成目标72.3：为运动团体配置可进行专门技术指导的专门教练，以奖牌获得期望值高的为重点	2005～2008年	日本奥委会补助（运动员强化，专任教练员配置）	2005～2006年：4.51亿日元

续表

施政目标72 提高日本的国际竞技力			
到2010年,在奥运会上实现奖牌获得率3.5%(2001～2010年)			
目标	时间	内容	经费
达成目标72.4:到2008年,培养适应运动员个体特征的进行专门技术指导的教练员(运动医生,训练师)5000人,同时,建立有高度专业能力的教练员的培养研修制度	2002～2008年	体育教练员养成事业(日本体育协会补助)	2006年:2.02亿日元
达成目标72.5:针对一流运动员,实行在国内外强化合练	2002～2008年	日本奥委会补助(强化集中训练事业)重点竞技事业(日本体育振兴中心)	2005年:9.45亿日元;2006年:4.02亿日元
达成目标72.6:到2008年确立培养有高度专门能力的教练员的研修制度(国家教练学会)	2001～2008年	国家教练员养成专业俱乐部的试点事业	2005年:0.16亿日元
达成目标72.7:为使体育科学、医学、情报的有关研究成果的活用,强化国立体育科学中心和有关机关的协作体制	2002～2008年	国立体育科学中心的业务(日本体育振兴中心运营费)	2006年:47.82亿日元

三、国家训练中心的整备

《体育振兴基本计划》对建立国家训练中心作出了建设计划。2001年10月,日本有关人士提议建立国立体育科学中心,目标是把国家训练中心建成硬件、软件都过硬的真正的训练基地,国家训练中心的建成是“倍增计划”能够实现的一个重要支持力量(也是日本2004年雅典奥运会能够取得优异成绩的重要因素之一)。文部省为此发表了讲话,阐述了对此项事业将积极地给予预算支持。

2008年1月21日,JISS(国家体育科学中心)和NTC(国家训练中心)同时开始工作，从此，运动员与运动团体在集中强化训练的同时，要听取运动医学和运动科学的报告，并接受心理辅导等辅助训练。这样以运动训练和科学研究为一体的完整的基本训练条件就正式建立起来。实际上，美国、中国、俄罗斯、澳大利亚、德国、法国、意大利、韩国等这些在奖牌榜上位居前列的国家全都设有国家训练中心，对日本来讲，这一项工作开始得较晚。但是对于这项工作其实很早就有提议，早在临时教育审议会审议方案《推进体育医・科学的研究》中，就已经有人提出设立运动科学研究所并成立国家训练中心的建议，而且在1988年及1999年保健体育审议会审议方案中，也都有同样的提议。但直到1990年4月，日本才将国家体育科学中心列入计划，又经过近二十年的发展，国家训练中心与国家体育科学中心构想才终于被实施。随着国家训练中心的管理和运营步入正轨，日本又成立了独立行政法人日本体育振兴中心(NAASH)。

日本宣传画:体育把大家联结在一起

国家训练中心是按照核心基地、竞技运动特别强化基地的原则建成的。国家训练中心核心基地的设施有室内训练中心、田径训练场、室内网球馆、运动员公寓、排球、手球、篮球、摔跤、拳击、网球等场地，用于运动员的培养和强化。文部科学省对于一些室外竞技(足球、曲棍球、自行车、马术等)、冬季项目和水上项目、高原训练以及国家训练中心不能够包含的项目，按照各地现有的设施临时指定强化训练基地。从2007年就开始了“训练中心竞技特别强化基地高机能化事业”(事业达成年度:2009年;2007年预算:30亿日元;2008年预算要求:76.9亿日元)。

为了达成《体育振兴基本计划》的目标，2001年。日本奥委会推出了《金色计划》，也称为“日本奥委会提高国际竞技力战略”，策划了各种强化专业俱乐部。

它从根本上直接促成了日本在2004年雅典奥运会上获16块金牌、居世界第5位的巨大成功。在这之后的2006年日本奥委会制定了《金牌二期计划》,新计划申请第31届奥运会在东京召开,金牌获得数的目标是世界前3名,而且更多的以此为目标的战略也相继出台。2008年2月,国家训练中心核心基地的与运动员强化训练事业相关的教练员学会、精英学会、职业学会等也相继成立,新一轮政策讨论也正在进行之中。

四、体育指导者培养制度

东京奥运会前后,日本的教练员培养制度已初步形成。20世纪70年代,在发展大众体育的基础上,面向振兴地域体育的指导者培养也逐渐兴起。1977年,为了使体育指导者制度趋于标准化与规范化,更好地确立全国体育指导者的资格认定与指导体制,各竞技团体共同协力,完成了日本体育协会公认的体育指导者制度。1986年,体育保健审议会向文部省提议,由国家直接管理体育指导者制度。1987年,文部省颁布了体育指导者知识、技能的审查规程,经过几轮修改,相关部门和人士公认体育指导者制度已经成为确立体育指导者资格的重要标准。

日本体育指导者制度是整个日本社会体育工作指导者的资格标准,包含社会体育指导员和竞技体育教练员的培养文件,分为体育组织者、项目技术指导、体育医生、训练师、营养师、体育产业、俱乐部经营、初级体育指导等九类,其中与项目技术指导和教练员培养有关的分为六个层次,分别为指导员、上级指导员、教练员、上级教练员、教师、上级教师,各层次的项目技术指导属于同一体系,知识深度与能力标准随其层次与等级的提升而逐渐加强,资格的取得均需通过考试。获得国家级资格的教练员才能够执教国家级的运动队,其需要完成的学习科目也随运动项目的不同而有所不同,以游泳为例,最低一级的体育指导员需要完成8个专题科目的学习,而达到游泳教师级别,则需要完成42个专题科目的学习。

体育指导者资格的取得并不是终身制,而是有四年的有效期[①],期满需要再考试才能取得,新的训练方法、新的训练理念和知识在不断地更新之中。目前日本国家级的教练员已经达到要求的标准,但都道府县的教练员并没有完全达到标准,资格认定正在推广过程中。

---

① 公認スポーツ指導者制度オフィシャルブック2010.日本体育協会.2010年3月.

第二节　日本的体育政策在地方自治体的执行情况

要想深入地研究日本的体育体制，必须研究日本体育政策在地方自治体都道府县的执行情况。日本国家的机构特点表明，各都道府县是推动日本社会各项事业发展的主体，体育事业也不例外。市町村是最基层的组织单位，在都道府县的领导下工作。日本的地理特点是高山大河把国土分成了诸多区域，地域特征明显。具体的社会事业管理实质是由各都道府县进行，日本体育管理从国家到地方是一个整体的政策制定和实施过程，在竞技体育方面表现得尤为明显。国民体育大会、单项联赛等日本各项大赛都是以都道府县为单位进行竞技的，包括宣传与舆论引导，也常常以“县民”为中心进行。在国家的大型比赛中，各都道府县间的竞争异常激烈，加上日本的许多体育政策鼓励这种以都道府县为中心的地域竞争，更加强化了人们的地域意识与地域观念。

一、从国家政策看地方体育行政的任务

1.国家与地方自治体行政权力的改革

1995年日本《地方分权推进法》颁布实施，该法以《地方分权法》为基础，地方管理的权力逐渐加强，地方政府的工作环境发生了很大变化。一方面，中央的财源逐渐向地方转移，另一方面，重组地方政府、减员提效促进了市町村的大合并。日本各级政府都在积极讨论和主动应对各种改革以后的挑战，互相沟通，互相参考，进一步寻找着有利于本县的最优的实施方式和策略。2005年10月，中央教育审议会通过了审议方案《新时代义务教育的建设》，地方长官和教育委员也进行了弹性化的权限划分，体育行政则提议由地方自治体决定，与其他行政领域合作，由地方长官适当进行统筹管理。

财源方面，国家不再单独为体育事业拨款，而是一起拨付到地方然后由地方政府根据实际自行安排预算。从这一点来讲，地方政府在权力强化的同时其责任加更大了。在这以前都是国家决策，都道府县与市町村只负责执行，这样都在国家水平上进行行政服务，没有体现出太大的差异。但是地方政府在体育方面增添了体育行政这个新的任务以后，全国各地方可以根据本地域的特点发展自己的项目，对地方体育行政负责人的独创性规划能力也提出了更高的要求。根据三位一体的改革，没有了国家对体育事业实施的特定补助金，这部分财源就得由地方政府调度，地方政府必须一边把握地方的实际情况，一边进行体育事业的立案和计划，在预算实施的过程中，再进一步进行周期性的管理和评价。另外，随着地方政府计划立案能力的提高，在县里也导入了行政评价系统。这种行政

评价系统的目的是对县行政进行综合的绩效评价，评价其政策规划和实施效果。这种行政评价的具体方法是，从政策目标的合理性和实施的可能性以及实施的目的和效率等方面进行验证，同时也验证是不是达到了各个阶段的目标。经过详细的评价，地方政府将结合县民中心调查的县民意见和希望，进行下一步的计划调整和预案。

2.体育振兴政策所分析的地方体育行政任务

《体育振兴法》是在1961年6月东京奥运会举办前制定的，其主旨是在体育领域发展国民自主的体育活动，设置补助金和各种体育活动的条件，确定国家及地方政府的义务。日本《体育振兴法》中有许多财政问题是以东京奥运会的顺利举办为目标的，随着时代的发展，许多内容已经发生了很大的变化。

国家的体育行政中心是文部科学省，文部科学省的任务是制定全国体育振兴的基本方针和实施计划。市町村直接落实国家与地方的体育政策，把握政府与国民的体育信息，具体执行振兴体育的有关事业。对于处在中间位置的都道府县来说，其行政任务就是负责国家和市町村的调整和协调，以及国家实施的政策向市町村的渗透。都道府县的行政管辖范围中有超过50万人口的城市，也有几千人规模的市町村，其指导建议将会对政策实施的效果起到非常重要的影响。

1972年的《体育运动的普及振兴有关的基本方案政策》是一个有关日本体育振兴的综合审议方案，在这个审议方案中，关于体育设施设备、短期及长期的体育教室的开放、公共体育设施的专任指导员与教练员的配备、民间指导员的养成及援助等等内容，地方政府都有具体的任务安排。但是，这个审议方案最大的问题是，就体育事业不可缺少的设施问题，它对人口规模与体育设施数的比例并没有交代清楚，因此，各都道府县及市町村只能按照各自的理解和各地的实际情况进行建设，在体育设施的建设上花费了大量的人力物力。1989年，《面向21世纪的体育振兴方案政策》审议方案明确了国家、都道府县及市町村的体育设施设备的规模和机能，体育设施的建设方针与国民的需要高度对应起来，以爱知县为例，1995年，该县即根据计划完成了设施规模的确定工作。[①] 1997年9月，《终生心身的健康保持增进和有关今后的健康教育问题和体育振兴》的审议方案获得通过，其核心内容是：帮助国民终生参加所喜爱的体育项目。方案将人的一生从幼儿期到老年期分为八个阶段，对各个时期的内容与运动量设定具体的指标，并要求都道府县和市町村进行指导和推进。

至此，根据国家的有关法律和审议方案，各地方的21世纪体育振兴事业的

① 柴田晴夫・篠原一洋・鹤，英樹・中平稔人.変わりゆく日本のスポーツ.東京：世界思想社 2008,3:134-135.

行政任务基本明确起来。随着政府其他方面改革的推进，比如地方长官与教育委员会权限的划分、三位一体的改革和财源的转让等，各地方自己制定体育规划的条件也逐渐成熟了起来，许多都道府县相继制定并出台了自己的体育振兴计划。

二、都道府县的体育振兴计划简况

许多都道府县在国家体育振兴计划基础上，各自制定了本地区的体育振兴计划，至2007年5月，已有44个都道府县制定了自己的体育振兴计划，并在国家体育振兴计划正式实施后马上进行了行政部署。

据调查，各都道府县在实施国家体育振兴计划时，围绕体育设施设备的有效运用、体育信息的收集、体育指导员的培训、竞技能力的提高、运动部活动的改善和充实、综合性地域体育俱乐部的养成和培育等，都推出了大量的举措。在体育设施设备有效运用方面，由于近年来自治体紧缩财政，不仅在新建设备上缩减预算，而且还加强了对既存设施的灵活运用。在体育信息的提供上，则通过制作各种设施主页，利用网络进行预约使用，建立系统的设备运营体系。在提高竞技水平方面，竞技体育的教练员和社会体育的指导员进行了详细的分工，竞技体育教练员以提高竞技能力为主，而社会体育指导员不仅要提高竞技水平，而且还要参与俱乐部运营管理，在地域的综合性体育俱乐部内部采取了众多措施来改善和充实体育经营活动。

都道府县的体育振兴计划基本上是按照中央的《体育振兴基本计划》的目标设立的，从结果上来看，如实地反映了中央对地方的影响，对中央推行的政策也有着广泛的认同。但是，各都道府县的计划，不仅要顾及国际体育项目的发展，而且还要兼顾地方传统体育的发展，在时间设置上还要考虑本地企业与俱乐部利益，因而就形成了各地域特有的政策实施特征。

在都道府县层次上，实现发展竞技体育目标的实际操作过程包括两个重要方面：一是综合性地域体育俱乐部的建设，二是如何理解和执行一贯性指导系统。其中，一贯性指导系统在都道府县的贯彻执行成为发展日本竞技体育的重要力量。本研究以爱知县为例，对这两个问题进行阐述。

三、爱知县的《体育振兴基本计划》

爱知县在日本属于体育比较发达的地区，其土地面积为5000平方公里，人口740万，在日本47个都道府县中排第四位。日本国土狭长，北部寒冷，因此冰雪项目就成了北方地区的主要发展方向。而在日本中部，爱知县是非常有代表性的，近年来其在国民体育大会中的成绩均位居前10名以内，分数稳定在1500

分左右（如表7-3所示），培养出了一大批高水平的运动员。在北京奥运会上，日本共获得9枚金牌，其中就有两枚是由爱知县运动员获得的，即筑波大学的柔道运动员谷本步实、至学馆大学的摔跤运动员伊调馨。此外，日本女子垒球也获得了金牌，其中的伊藤幸子也是由爱知县培养出来的。这类例子不胜枚举。

表7-3　　2005～2008年日本国民体育大会各县男女综合成绩名次

	2008年第63届（大分）		2007年第62届（秋田）		2006年第61届（兵库）		2005年第60届（冈山）	
名次	县名	得分	县名	得分	县名	得分	县名	得分
1	大分	2386.5	秋田	2673.5	秋田	2673.5	冈山	2842
2	东京	1893	东京	2092	东京	2092	东京	2283
3	埼玉	1878.5	埼玉	1906.5	埼玉	1906.5	埼玉	1967.5
4	神奈川	1650.5	神奈川	1735	神奈川	1735	爱知	1767.83
5	大阪	1647.5	兵库	1726.5	兵库	1726.5	大阪	1746.25
6	千叶	1569	大阪	1542.5	大阪	1542.5	京都	1663.5
7	兵库	1507	爱知	1455.5	爱知	1455.5	北海道	1508.5
8	爱知	1502.5	千叶	1436	千叶	1436	兵库	1502
9	北海道	1484.5	京都	1416.5	京都	1416.5	广岛	1437
10	福冈	1452.5	北海道	1408.5	北海道	1408.5	神奈川	1414.33
11	京都	1435.5	大分	1300.5	大分	1300.5	宫城	1254
12	宫城	1230.5	福冈	1297.5	福冈	1297.5	千叶	1251.5
13	广岛	1202	宫城	1247.5	宫城	1247.5	熊本	1238.25
14	冈山	1195	熊本	1148.5	熊本	1148.5	福冈	1187.25
15	长野	1155.5	静冈	1139.5	静冈	1139.5	香川	1161.33
16	茨城	1148.5	冈山	1113	冈山	1113	群马	1149.5
17	岐阜	1144	石川	1106	石川	1106	富山	1053
18	新潟	1129	广岛	1093	广岛	1093	长野	1050
19	静冈	1064.5	新潟	1074	新潟	1074	静冈	1045
20	熊本	1038.5	岐阜	1071.5	岐阜	1071.5	大分	1034.5
21	佐贺	1010.5	群马	1051.5	群马	1051.5	福岛	1016.5

续表

名次	2008 年第 63 届（大分）		2007 年第 62 届（秋田）		2006 年第 61 届（兵库）		2005 年第 60 届（冈山）	
	县名	得分	县名	得分	县名	得分	县名	得分
22	群马	1009	栃木	1032.5	栃木	1032.5	岐阜	1006
23	秋田	991.5	长野	1007	长野	1007	秋田	971
24	香川	989.5	福岛	933	福岛	933	长崎	938.5
25	石川	975	茨城	907	茨城	907	鹿儿岛	936.5
26	山梨	948.5	滋贺	903.5	滋贺	903.5	茨城	922
27	鹿儿岛	947	富山	900	富山	900	福井	920.5
28	青森	933	奈良	896	奈良	896	山梨	885.5
29	栃木	910.5	香川	884.5	香川	884.5	石川	882.5
30	长崎	895	山梨	882	山梨	882	山形	866
31	福岛	858.5	佐贺	872.5	佐贺	872.5	新潟	859.5
32	富山	824.5	青森	868	青森	868	奈良	856
33	奈良	823.5	山形	853.5	山形	853.5	滋贺	852.5
34	福井	823	岩手	827.5	岩手	827.5	青森	849
35	山口	814.5	长崎	819.5	长崎	819.5	爱媛	844
36	岩手	801	宫崎	819	宫崎	819	三重	825.5
37	宫崎	789	三重	795	三重	795	佐贺	797.5
38	山形	779.5	福井	793.5	福井	793.5	栃木	781.5
39	滋贺	770.5	山口	789	山口	789	鸟取	776
40	三重	744.5	冲绳	771.5	冲绳	771.5	冲绳	773
41	和歌山	739	鹿儿岛	744	鹿儿岛	744	山口	742
42	爱媛	705	爱媛	736.5	爱媛	736.5	岩手	722.5
43	德岛	689	鸟取	731.5	鸟取	731.5	和歌山	682
44	冲绳	684	岛根	683.5	岛根	683.5	岛根	634.5
45	岛根	649	和歌山	641.5	和歌山	641.5	宫崎	627.25
46	鸟取	626	高知	593	高知	593	德岛	606.5

续表

名次	2008年第63届（大分）		2007年第62届（秋田）		2006年第61届（兵库）		2005年第60届（冈山）	
	县名	得分	县名	得分	县名	得分	县名	得分
47	高知	581.5	德岛	565.5	德岛	565.5	高知	573.5

日本《体育振兴基本计划》的几个方面是以《体育振兴法》为基础、从国家的角度出发制定的长期的综合目标，指出了日本体育发展的基本方向。而地方政府考虑的是如何成为体育振兴的主体，地方的行政也反映了对国策的计划立案能力和实施能力。

根据《体育振兴基本计划》的要求，爱知县从自身实际情况出发，制定了一个长期的发展规划，名为《构筑21世纪丰富的终身体育社会——体育爱知·阳光计划》。计划分为四个方面：一是发展大众体育，实现县民平均一人一周运动一次的终身体育规划；二是发展竞技体育，培养本县的运动员，代表国家取得优异成绩，带动县民的理想与希望；三是发展儿童与学校体育，充实运动部的活动，提高儿童体力，促进学校体育与竞技体育共同发展；四是为完成以上三条任务创造良好的体育环境。

爱知县同样提出了面向奥运会和世界级比赛的目标，并且提出了"体育爱知"的口号，在实现竞技体育发展的目标计划中，首先是根据国家计划贯彻执行一贯性指导系统，强化初级培养；其次是提高国民体育大会的成绩。在这两项目标的指导下，爱知县发展体育科学，努力激发青少年的运动热情，积极培养优秀教练员和运动员。

爱知县的体育振兴计划特别提出了终身体育、竞技体育、学校体育的协同发展问题。计划以学校为核心，将学校运动部的活动作为学校教育的一环，重视学生的自主性，丰富学生的校园生活，以达到各学校的教育目标。计划认为，学校运动部的活动加强了学生与体育的联系，对促其形成终身体育习惯有着重要作用；与此同时，提高学校运动部的运动水平是发展竞技体育的重要基础，也是学校体育和终身体育的重要目标，而在青少年的培养方面，三者的协同尤其重要。

2000年，爱知县的体育科与保健体育科合并成体育运动科，开始对全县的学校体育、社会体育与竞技体育实行统一管理。爱知县在其辖区内各地方举行各式各样的体育活动，有综合体育大会、单项运动会、体育教室、体育测试、体育座谈讨论、体育演讲与进修、体育表彰会以及其他形式的交流会与体育节。根据县里的统计资料，每年爱知县内举办的这类体育活动高达1万多项，参加者每年达到200万人以上。同时,爱知县每三年举办一次全县的体育大会(休闲项目也包括在内),有30多个项目,参加者达到7000多人。

四、综合性地域体育俱乐部建设

广域体育中心是指一个在俱乐部创设、运动员培养、教练员安排、巡回指导、体育理念宣传、体育知识普及、俱乐部间交流、体育信息收集、体育科学应用、研讨会开办等多方面综合发展的体育中心。广域体育中心的发展以综合性地域体育俱乐部为基本单位。综合性地域体育俱乐部的主体是县民。对县民来说,并不只是“活动”一下,还有提高竞技能力的目标。这样一来,综合性体育俱乐部不仅要确保活动的场所、设备,而且还要提供相对准确、全面的信息。根据广域体育中心培养模式的计划,爱知县对原有的体育设施进行有效利用,建立了县里的体育运动信息中心及教练员信息系统。表7-4为爱知县市町村综合性地域体育俱乐部数目。

爱知县鼓励发展综合性地域体育俱乐部,但各市町村起点不同,有的在综合性地域体育俱乐部建立之前已有不少类似的组织,为此,市町村对这些组织进行了合理引导,或直接将其发展成为新型体育俱乐部。目前综合性俱乐部管理大体还是在国家或者政府的组织下,而俱乐部的管理者们始终想做完全的社会俱乐部,可以预料,将来俱乐部的定位与发展趋势将趋于多样化。为此,爱知县专门成立了体育交易所,为将来体育经理人的发展打下了坚实基础。

对于一个具体执行国家政策的县、市来说,对问题的考虑必须贴近操作层面。为了今后体育事业的振兴,日本政府和运动组织从以下几个方面进行了充分的讨论:第一,随着体育人口的不断增多,加大体育场馆的开放力度、确保运动场所是首要问题。第二,对公共体育设施如何管理和运营。一般来说,公共设施的使用费都较低,其收入也非常低,那么维持设备管理的经费如何获得?这就涉及到行政的收益率的问题。第三,全国的体育公共设施以1972年国家的保健体育审议会审议方案为基础进行了建立健全,其补助处理时限为60年,那么60年以后这些设施出现问题时由谁来管理、怎么管理也是一个问题。第四,随着行政改革的深化,行政主导的体育活动也逐渐面临改革,现在的行政是体育的生产者,居民是消费者,今后,居民既是生产者也是消费者,对这种消费结构的变化也有必要考虑。第五,地方自治体有的被合并,有的被解散,在这种环境下,自治体的体育事业何去何从、应由谁继续管理也成为一个重要的问题。

表 7-4 爱知县市町村综合性地域体育俱乐部数目(2008 年)

市町	数目
江南市	1
一宫市	1
北名古屋市	6
岩仓市	1
津岛市	1
大口町	1
小牧市	4
尾张旭市	1
濑户市	2
三好町	2
丰田市	11
名古屋市	15
阿久比町	1
半田市	5
吉良町	2
一色町	2
西尾市	1
高浜市	1
新城市	4
丰川市	1
丰明市	1
刈谷市	6
丰桥市	4
合计	74

许多综合性俱乐部的财源以会费收入为主,会员的数量决定着了俱乐部的运营状态,所以俱乐部都在增加会员方面不断努力,但同时产生的问题是,会员的增加对场地和教练员的要求不断提高,而场地和教练员的增加远跟不上俱乐

部会员增加的速度，这又形成一个新的矛盾。2006 年起，日本国家《体育振兴基本计划》逐步实施，公共体育设施的指定管理者进入综合性俱乐部，暗示着各俱乐部将来有机会取得 NPO 法人资格，对俱乐部来说有较增强的吸引力。NPO (NonProfit Organization)是“非营利性组织”的简称，是一个不以营利为目的进行各种社会活动的团体的总称。组织本身是允许营利的，只是营利的收益要用于指定的社会活动。这样一来，指定管理者制度和 NPO 法人资格的取得就成为确保俱乐部财政来源的重要方向之一。

从爱知县已有的这些俱乐部来看，会员从十几人到上千人不等，从单一项目到数个项目不等，以各种各样的形态存在于市町村之中。这些俱乐部不仅有自己的活动，而且还参加县和市町村、有关体育团体的以体育振兴为目的的活动也非常多。在具体的政策实施过程中，从行政主导下的体育振兴计划开始，到地域住民的生产和消费，再到其他行业的发展再生产，综合性体育俱乐部发挥了重要的作用，取得了良好的成效。

发展体育事业离不开对青少年的培养，而青少年的培养又首先在于对其兴趣的培养，这就不能忽视宣传的作用。爱知县把引导运动员树立高远的理想、培养县民积极参与的意识放在了重要地位，通过创造一个全方位的体育舆论环境，正确引导青少年的体育热情。

日本某综合体育健身俱乐部

五、实施一贯性指导系统与培养竞技体育后备力量

作为国家层面提出的一贯指导系统，其目的是发展竞技体育事业，培养竞技体育后备人才。一贯指导系统的核心是在运动员发展的任何一个时期，以最优的指导方法和训练内容对其进行训练。至于一贯指导系统的目标，对于成年阶段的运动员来说，提高竞技水平是关键，而对于都道府县的青少年来说，培养竞技体育后备力量是关键。爱知县体育协会、竞技团体、中小学校以及体育少年团等协同配合，共同承担着培养竞技体育后备力量的任务。

各都道府县对竞技体育水平的评判与国家层面有着不同的出发点，在国家层面上是以提高国际竞技力的为目的，而都道府县是以在国民体育大会上取得好成绩为目标。爱知县在国民体育大会上一直居于前十名的水平，其曾经制定的运动员强化训练的培养政策，不仅使爱知县在国民体育大会上名列前茅，而且还为日本国家培养了一大批优秀的运动员，活跃在世界竞技舞台上。

需要指出的是，各都道府县为提高竞技力的事业支出总额在 2006 年已经达到了 80 亿日元。如果把这些经费更多地用于构筑一贯性指导系统，几年以后，日本的国际竞技力还会有一个质的提高。

都道府县层次上的运动团体在建立并健全一贯性指导系统过程中遇到的最大问题是教练员的意识问题。在初始阶段，初中和高中的教练员之间很大程度上不能基于同一种训练理念紧密配合，教练员不能转变原来的成绩意识。所以，从 2005 年开始，各运动团体的强化负责人联合体育联盟各项目的委员长，在各种教练员培训班和研讨会上不断灌输青少年运动员应该以培养人才为主而不是以短期成绩为主的理念，通过各种渠道和机会推进意识革命。

1. 变革传统意识，提高对一贯性指导系统的认识

体育人才发现与培养的偶然性和必然性是一贯性指导系统的理论基础，根据这样一个指导思想，爱知县首先要做到的是，尽量使县内所有的青少年都平等地享有参与体育的机会与权利。县体育计划明确写道："在小学、中学期间发现有天资的人才，给予最恰当的指导，有计划有组织地培养，早期发现其在某类项目上的运动天赋，以增加其成为一流运动员的可能性。"以这样一种思路培养体育人才，调动青少年主动参与体育的积极性，就可以逐步显现出政策的效果。

一贯性指导系统是对一个人从少年到成年的系统培养，对于少年来说，必须有良好的体育环境。在少年体育指导上最大的忌讳就是过度的胜利至上主义，不考虑发育的年龄阶段进行过度强化练习，也不考虑运动员的将来发展。原来的中学体育联盟与高校体育联盟制度要求三年间出成绩，教练员在这样的制度下不得不采用欠合理的方法。一贯性指导系统否定了原来的成绩制度，在 2000

年《体育振兴基本计划》之中未再对地方政府提出成绩要求，更没有对基层教练员提出成绩要求，而是要求教练员直接转变思想，由追求短期成绩转到专注于运动员的长期培养上来。爱知县竞技团体共有50多个，每个团体都被要求实施一贯性指导系统，教练员转变思想是首当其冲的要求。

2.对青少年实施一贯性指导的措施

各学校和地域组织起来，具体实施政府制定的体育政策，这一过程以体育的娱乐性、平等性为宗旨，让所有的孩子享有公平的体育机会：一是让孩子尽早接触体育，以培养其对体育的兴趣；二是教练员、家长等有关人员努力发现孩子所具有的体育天赋；三是不限定项目，甚至主张孩子应该接触所有的体育项目；四是培养孩子适宜年龄阶段应有的素质，促进其健康成长；五是给参与的孩子以平等的机会和条件；六是以提高国际竞技力为出发点，以最先进的技术和理念进行培养。

根据这样一个设计理念，日本职能部门希望能在早期发掘出有天赋的孩子，使其将来能够活跃在国际赛场上，实现孩子们的体育梦想。此外，优秀运动员的榜样作用可以激发更多孩子运动的欲望，促使他们形成良好的运动习惯，培养具有健全人格的个体。为了实现这样的目标，日本采取的具体措施包括：一是与高水平训练机构紧密配合，实现最优的训练效果；二是发掘有天赋的孩子，提高其竞技能力；三是以发展体育运动为契机，提高孩子们的体力，改变体力低下的状态；四是构筑一个适应个体发展、适应各年龄阶段的培养环境；五是让孩子们找到最适合自己的运动项目，拓宽孩子们的视野，促进相关的交往与交流；六是促进体育有关部门、组织的意识和观念更新。县体育协会依据这样的措施，2006年实施了“一贯性指导系统构筑的活动助成事业”，取得了良好的效果。

一贯性指导系统的最重要的一点就是在少年儿童中发现、发掘、培养运动员。随着事业的展开，训练过程中经常出现跨越学校、年龄阶段界限的指导，这有利于提高教练员的依赖感和归属感。

爱知县还把培养全国高竞技水平的运动员作为目标进行基地建设。训练基地在市町村的配合下，按区域、项目需要进行建设。如果基地规模不断扩大，县里也允许其发展成为财团法人，从而使得对器材有特殊要求的项目、以及社会普及率比较低的项目也能有机会得到发展。

3.一贯性指导系统与青少年培养

在爱知县注册的体育俱乐部共有1.5万个左右，参加者达35万余人。学校的运动部活动也非常灵活，在中小学阶段有70%的学生加入了体育运动部，这也是日本体育后备人才培养的重要基础。

各运动团体在构筑一贯性指导体系的同时，还启动了新运动员的发掘和培养程序。2006 年起，各个运动团体在配置了一贯性指导体系负责人的同时，对运动团体的强化事业、体育教室建设等也积极参与。今后的培养应当是在运动团体内部建立系统的培养体系，确保优秀的竞技人才不被埋没。具体包括三个主要的方面：一是在中小学时期发掘有天赋的运动人才；二是在个体竞技能力的提高期最大限度地开发和训练，增加其成为优秀运动员的可能性；三是促进项目之间的交流，根据个人能力和特点选择适宜的项目。这三个方面组成了"发现—培养—灵活选择"的系统工程。要实现这样的目标，需要各运动团体共同努力，在灵活选择阶段也需要各运动项目之间密切配合，在训练过程中发现、培养人才。

日本学校运动部的活动

该事业对其他事业也有着重要的影响，并与其他诸多事业共同催生了若干联动效果。例如，营造适合孩子们参加运动的地域体育环境，会带动当地体育俱乐部的发展。孩子们接触体育的机会增多，对设施的要求也不断增多，与此同时家长、教练员也会经常提出优秀的建议，这些建议会促进体育环境的建设。设置包含多年龄阶段、多运动项目的综合性体育俱乐部是当今体育发展的需要，也是营造良好体育氛围的重要推手。

各都道府县建立起来的一贯性指导系统如何与国家层面的系统实现良好的联动发展？高校的运动员培养程序如何大范围地普及？如果能在发展的过程中逐渐解决这些问题，日本就能够实现相关政策目标。

爱知县参加体育少年团的人数增长迅速，从 2000 年的 29890 名发展到

2007年的32000名，而且由于大多数情况下都是以学校为单位参加少年团，因此反过来对学校的全面发展也起到了很大的促进作用（如表7-5所示）。相关体育事业政策的实施，不仅扩大了孩子们参加体育运动的机会，对学校和家庭教育的健全很有好处，而且还对地域内成人的意识变革有重要的促进作用。

表7-5　爱知县2000～2009年获得资格的体育教练员、少年团员登录人数

年份	2000	2001	2002	2003	2004	2005	2006	2007	2008
教练员	4028	4268	4391	4989	5197	5275	5578	5774	5970
少年团员	29890	31286	31606	32166	31915	32152	32056	32000	32170

相关体育人员和孩子周围的成人们经常自问：我们如何利用政策给孩子提供更多的接触体育的机会？这难道不是我们每个人的责任吗？时时这样自问，就会逐步形成一个大家共同努力、为孩子营造良好体育氛围的状态，孩子们参加体育活动的环境也就逐步获得改善。县里的少年团至今已经发展了很多年，有力地促进了全体县民的体育意识变革。在体育事业相关政策的实施过程中，优秀教练员对孩子们的体育活动进行指导，有力地传播了优秀的体育文化，促进了县民的意识变革。为了给孩子们营造更好的体育环境，当地县民和地方机关也需要加强联系，为构筑孩子们梦想中的世界而努力。

小　结

日本体育政策从制定到实施，反映出了系统性的特点，这种系统性表现在国家层面，不仅仅是制定了政策和文件，而且还深入地抓好贯彻实施，惠及每一位国民。在这样的导向下，各地方自治体、都道府县在响应中央政府号召的同时，也在制订并实施着各自的体育振兴计划，从爱知县执行国家的政策来看，各地方先是仔细研究国家计划，深刻理解国家计划的目标和内涵，研究制度和政策要达到的预期效果，然后根据本县的实际情况制定自己的目标和规划，并联系各有关团体和单位进行政策的实施，注重青少年人才的发掘和培养，并取得了良好的成效。

第八章　日本竞技体育体制运行的效果分析

目前国际上尚没有一个公认的指标体系来评价一个国家整体的竞技体育水平，通常来讲，评价一个国家竞技体育的水平，最有说服力的指标就是其在国际大赛中的成绩，特别是奥运会，已经成为衡量世界各国竞技体育水平的标志性战场。所以，评价日本竞技体育体制运行的效果，也应首先从日本奥运会参赛的成绩来进行分析。

第一节　日本参加历届奥运会成绩分析

国际上通用的一种计算方式是以奥运会获得奖牌数来衡量竞技体育水平，以金牌、银牌、铜牌为序，以前项多者列前计算名次。表 8-1 显示了日本参加历届奥运会的名次和金银铜牌数。

表 8-1　　日本参加历届奥运会成绩

时间、地点	名次	金牌	银牌	铜牌	奖牌总数
1920 安特卫普第七届奥运会	18		2		2
1924 巴黎第八届奥运会	24			1	1
1928 阿姆斯特丹第九届奥运会	15	2	2	1	5
1932 洛杉矶第十届奥运会	5	7	7	4	18
1936 柏林第十一届奥运会	8	6	4	8	18
1948 伦敦第十四届奥运会					
1952 赫尔辛基第十五届奥运会	17	1	6	2	9
1956 墨尔本第十六届奥运会	10	4	10	5	19
1960 罗马第十七届奥运会	8	6	8	7	21

续表

时间、地点	名次	金牌	银牌	铜牌	奖牌总数
1964 东京第十八届奥运会	3	16	5	8	29
1968 墨西哥城第十九届奥运会	3	11	7	7	25
1972 慕尼黑第二十届奥运会	5	13	8	8	29
1976 蒙特利尔第二十一届奥运会	5	10	12	17	39
1980 莫斯科第二十二届奥运会					
1984 洛杉矶第二十三届奥运会	7	10	8	14	32
1988 汉城第二十四届奥运会	14	4	3	7	14
1992 巴塞罗那第二十五届奥运会	17	3	8	11	22
1996 亚特兰大第二十六届奥运会	23	3	6	5	14
2000 悉尼第二十七届奥运会	15	5	8	5	18
2004 雅典第二十八届奥运会	5	16	9	12	37
2008 北京第二十九届奥运会	8	9	6	10	25
2012 伦敦第三十届奥运会	11	7	14	7	28

在日本，经常采用“国际竞技力”这个指标来衡量奥运会成绩和竞技体育发展的水平。包括在《体育振兴法》和《体育振兴基本计划》中，所用的也是“国际竞技力”这个名词。国际竞技力也是国际上比较通用的一种计算方法。

所谓国际竞技力(ICS：International Competitiveness in Sports)，是指一个国家的竞技体育在国际上的竞争能力，主要以奥运会比赛成绩为指标，来衡量一个国家竞技体育发展的水平。它包括国际综合竞技力和特定的国际竞技力两个概念。

国际综合竞技力，是指用奥运会、亚运会、世界大学生运动会等国际综合竞技大会的成绩如奖牌获得数、获得率、获得奖牌的人数及人数比率、获得奖牌的项目(项目数)等指标来表示一个国家的综合竞技水平。

特定的国际竞技力是指用冬季奥运会、单项世界锦标赛等的国际竞技大会中竞技成绩和它所表示的名次、项目、级别、项群、男女等个别条件进行特定的比较。以男足为例，以国际足联发表的世界排名和世界杯足球赛结果等评价衡量；再比如男网的世界排名，表现的是男网的特定国际竞技力。大部分个人项目的世界排名与国籍数量也能表示一个国家在某个项目上的竞技力。

国际上流行的国际综合竞技力计算公式是：

国际综合竞技力指数$=50(3G+2S+B)/3T$

G:金牌数 S:银牌获得数 B:铜牌数 T:金牌项目总数(小项目数)

国际上主要的国际竞技力的比较方法只有以上这两种,相比来说国际竞技力能够较好地反映出竞技力的总体水平,在一定程度上减少了单纯以金牌数衡量一国竞技力的不确定性误差,特别对于第二、第三集团的国家,以国际竞技力指标来衡量比单纯以金牌数来评估更有意义。表 8-2 为日本参加历届奥运会国际竞技力指数。

表 8-2　日本参加历届奥运会国际竞技力指数

届(年)	大项目数	小项目数	参加项目	日本获得奖牌数			指数
				金	银	铜	
1(1896)	8	43					
5(1912)	15	102	1	0	0	0	0
7(1920)	23	154	3	0	2	0	0.43
8(1924)	19	126	4	0	0	1	0.13
9(1928)	16	109	6	2	2	1	1.68
10(1932)	16	117	9	7	7	4	5.56
11(1936)	21	129	13	6	4	10	4.65
14(1948)	19	136					
15(1952)	18	149	12	1	6	2	1.9
16(1956)	17	145	12	4	10	5	4.25
17(1960)	18	150	16	4	7	7	3.67
18(1964)	20	163	20	16	5	8	6.75
19(1968)	19	172	17	11	7	7	5.23
20(1972)	21	195	19	13	8	8	5.38
21(1976)	21	198	19	9	6	10	4.12
22(1980)	21	203					
23(1984)	21	221	18	10	8	14	4.52
24(1988)	23	237	20	4	3	7	1.76
25(1992)	25	257	21	3	8	11	2.33

续表

届(年)	大项目数	小项目数	参加项目	日本获得奖牌数			指数
				金	银	铜	
26(1996)	26	271	23	3	6	5	1.6
27(2000)	28	300	24	5	8	5	2
28(2004)	28	301	26	16	9	12	4.32
29(2008)	28	302	26	9	6	10	2.7
30(2012)	26			7	14	7	

日本参加历届奥运会的成绩及其变化特点如图 8-1、图 8-2 和表 8-3 所示，这些图表清晰地反映出了日本 20 世纪 90 年代以来体育运动成绩的变化。

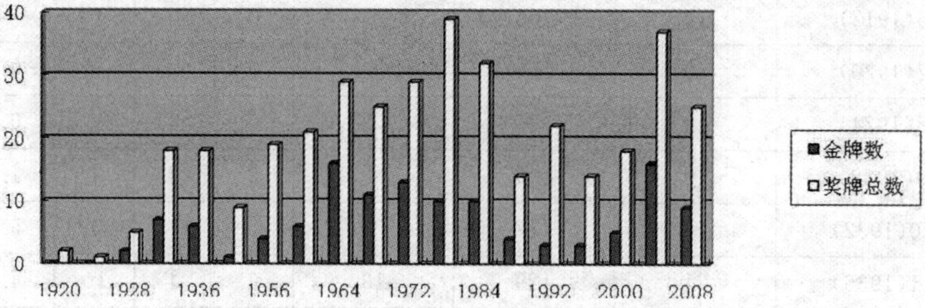

图 8-1　日本历届奥运会金牌与奖牌总数

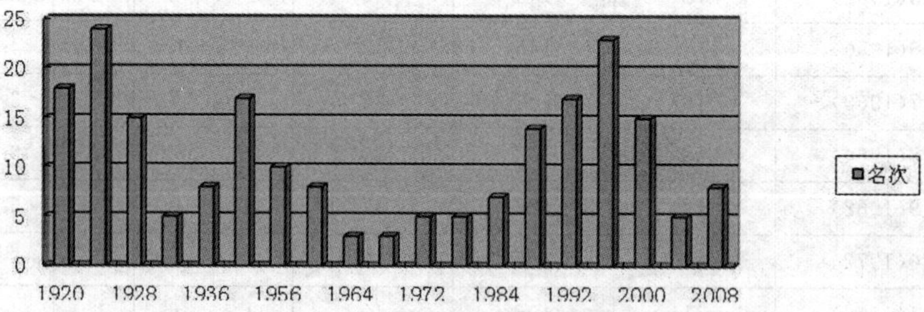

图 8-2　日本历届奥运会获得名次

表 8-3　　日本历届冬季奥运会成绩

届(年)	日本奖牌数
7(1956)	0　1　0

续表

届(年)	日本奖牌数
8(1960)	0 0 0
9(1964)	0 0 0
10(1968)	0 0 0
11(1972)	1 1 1
12(1976)	0 0 0
13(1980)	0 1 0
14(1984)	0 1 0
15(1988)	0 0 1
16(1992)	1 2 4
17(1994)	1 2 2
18(1998)	5 1 4
19(2002)	0 1 1
20(2006)	1 0 0
21(2010)	0 3 2

从以上图表中可以看出，日本代表团的参赛成绩可以分为三个阶段：第一阶段的顶峰是1932年，在美国洛衫矶奥运会上，日本代表团取得了第五名的成绩；第二阶段的顶峰是1964～1968年，日本代表团两次取得第三名的成绩；第三阶段的顶峰是近两次奥运会，日本代表团再次取得前八名的成绩。在冬季奥运会的比赛中，日本从第七届冬奥会获得第一枚奖牌，到后来，逐渐在1998年达到顶峰，斩获5枚金牌，由于冬季奥运会与国家地理位置和项目设置有很大的关系，所以冬奥会的成绩往往不能真实地反映一个国家的整体竞技体育水平，只能反映出该国在冬季项目上的水平及发展状况。

日本女排在比赛中

若以综合竞技力指数进行分析，大部分观点认为，综合竞技力指数达到10以上的为竞技体育超级大国，5以上的为竞技体育大国，2以上的为竞技体育先进国，不足2的为竞技体育准先进国。这样来看，日本曾经是竞技体育大国，1988年和1996年降为竞技体育准先进国，2000年返回了先进国行列，2004年又重新变成竞技体育大国。从近两届奥运会来看，美国是竞技体育超大国，中国由竞技体育大国发展为竞技体育超大国，俄罗斯则由超级大国降为大国，而日本在北京奥运会上又降回了竞技体育先进国之列。成绩是最公平的衡量标准，影响一个国家竞技体育水平的因素是多方面的，从宏观方面来讲，包括国家对于体育工作的重视程度及其采取的政策措施，从微观方面来讲，可以具体到每一个运动项目发展的历史、国家所处的地理环境及其人种特征等。从日本体育发展的三次起落来看，政策因素起到了决定性作用。

第一阶段，1932年属于二战以前，日本的国家体制、体育管理方式与战后有着本质的不同，所以，对于现在的日本来讲，对战后的成绩进行分析更具有意义。

在第二阶段，1961年日本《体育振兴法》的制定。《体育振兴法》本身是以发展整个日本体育为根本目标，着眼于长远利益，正是由于国家对体育工作十分重视，加上在日本本土参赛，成就了日本1964年的东京奥运会的优异成绩。

但是，从1964年东京奥运会获得16枚金牌以后，日本竞技体育便走向低谷。许多学者认为是日本发展大众体育所致。但是发展大众体育与发展竞技体育是不矛盾的，这里的关键问题是发展大众体育的同时是否忽视了竞技体育的发展。东京奥运会以后，日本认为发展了大众体育便会自然地促进竞技体育的提高。但当今时代竞技体育是训练、科研、管理等全方位的竞争，竞技体育是以微小因素上的微弱优势来获得比赛的胜利，仅依靠单纯的自然发展是不可能达到竞技体育高峰的。

第三阶段，针对日本竞技体育走向低谷的现实情况，1987 年临时教育审议会通过了《有关教育改革的第三次审议方案》，举办了体育振兴座谈会，通过了有关振兴体育的报告。1988 年保健体育审议会通过了《面向 21 世纪的体育振兴方案及政策》的审议案，对提高日本竞技体育的国际竞技力提出了明确的要求，在文部省和有关部门内引起了较大的反响。于是，提高日本竞技体育国际竞技力被摆到了政府的重要议事日程上来，日本竞技体育由此逐渐从谷底走了出来。日本从国家层面提出了提高国际竞技力的要求，在文部省白皮书和《体育振兴基本计划》中都有明确的阐述。前者说的是，运动员勇往直前，敢于拼搏，所诞生出来的记录和胜利是许多人的梦想与感动，体育是在同一规则下超越语言障碍的活动，也是国家之间相互理解、友好交往的桥梁。而后者说的是，参加竞技体育运动员的飒爽身姿加深了国民对体育的关心，激起了国民的梦想与感动，有利于创造积极向上、有活力的健全社会等。在 2000 年悉尼奥运会上，日本竞技体育看到了一丝进步的光亮，但是离历史最好水平仍然差了很多，于是 2000 年 9 月，日本战后体育史上最有力的政策《体育振兴基本计划》出台，把“综合提高国际竞技力”作为一项主要任务提了出来。2002 年，日本奥委会专门针对竞技体育的提高颁布了《金色计划》，加上训练中心、科研中心等一系列硬件的建立与软件的搭配使用，使得日本竞技体育的十年目标在短短四年内基本完成，2004 年雅典奥运会，日本共获得了 16 枚金牌，创历史最高水平。

近几年来，由于日本经济出现了长期的低迷，企业俱乐部发生了很大的变化。在以往，日本参加世界大赛的运动员 60％来自于企业俱乐部，而企业俱乐部的大量解散无疑使得日本竞技体育受到了巨大影响。日本存在的另一个深刻的问题就是人口负增长。人口减少也是国力不振的表现，几十年后，随着人口的减少，日本将难以维持现在的经济和国际地位。受孩子越来越少的影响，学校的运动部也悄然发生着变化，虽然这些因素共同影响了日本 2008 年奥运会的成绩，但在此次奥运会上，日本仍然保持了世界前八名的水平。

2010 年，日本奥委会在国家训练中心召开的教练员学会会议上，运动员强化训练部部长提出了力争伦敦奥运会进入世界前五名的目标，为此，日本必须要拿到 16～18 枚金牌。如今日本申办 2020 年东京奥运会成功，其在国家层面上想信会有大量人力、财力投入到竞技体育中去。

第二节　近两届奥运会日本主要参赛项目分析

表 8-4　　日本奥运会重点强化与非重点强化训练项目

重点强化项目(16 团体 23 项)		非重点强化项目	
分类 1	分类 2	23 团体 35 项	
柔道(男子)	足球(男子)	跳水	皮划艇(女子)
柔道(女子)	足球(女子)	水球(男子)	帆船帆板
游泳	排球(女子)	水球(女子)	自行车
花样游泳	排球(沙排)	田径(中・长距离)	山地自行车
田径(短距离)	羽毛球	田径(跳跃)	飞碟射击
田径(投掷)	自行车	田径(全能)	击剑
田径(马拉松)	篮球(女子)	体操(女子)	铁人三项男子
摔跤(男子)	射箭	体操(艺术体操)	铁人三项女子
摔跤(女子)	曲棍球(女子)	体操(蹦床)	篮球男子
体操(男子)		乒乓球(男子)	赛马
乒乓球(女子)		排球(男子)	拳击
棒球		举重(男子)	跆拳道
棒垒球		举重(女子)	皮划艇
皮划艇(男子)		网球(男子)	近代五项
		网球(女子)	棍球
		手球(男子)	
		手球(女子)	
		射击飞碟	
		射击手枪	

表 8-5 日本 2004 年、2008 年奥运会获得金、银、铜牌项目

	金牌		银牌		铜牌	
	雅典	北京	雅典	北京	雅典	北京
柔道	7	4	2	1		2
摔跤	2	2	1	2	3	2
游泳	3	2	3	2	4	4
田径	2	0				2
体操	1		1		2	
棒垒球		1			2	
击剑				1		
射箭			1			
自行车			1			1
帆船					1	
合计	15	9	9	6	12	11

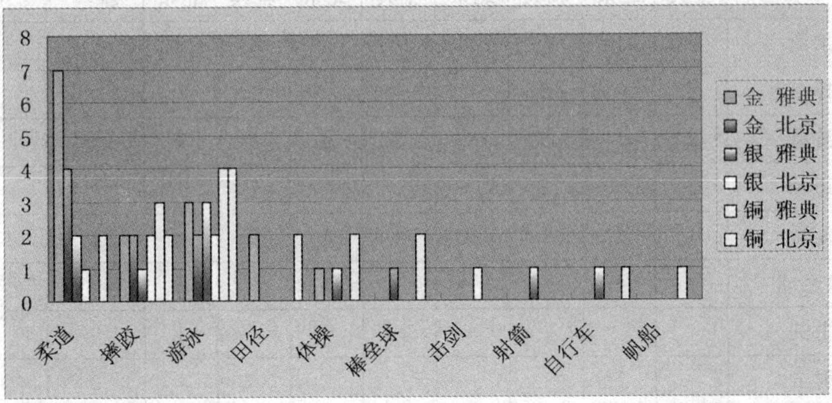

图 8-3 日本 2004 年、2008 年奥运会各项目获得奖牌情况

日本队在近两届奥运会上获得奖牌的情况可通过图 8-3 非常直观地反映出来。我们看到，日本的传统优势项目主要是柔道、摔跤和游泳三大项，仅柔道一项，在 2004 年雅典奥运会就上获得了 7 枚金牌，是日本竞技体育重新崛起的重要标志。但在北京奥运会上，柔道和田径两个大项夺金的表现均不如雅典。从获得银牌与铜牌项目来看，日本队的起伏较小，从某种程度上来说，现代竞技体育竞争中

充满着偶然因素，特别是对于中小国家来说，无论是单个项目的金牌和整个竞技体育的状态都不能与大国相提并论。所以，对日本来说，获得奖牌的项目有力地证明了其在这些项目上的确具备较强实力，除了柔道、摔跤、游泳三大传统优势项目以外，在近两届奥运会上，日本在田径、体操、棒垒球、击剑、射击、自行车、帆船等项目上都有奖牌进账，证明了日本竞技体育发展的实力和潜力。

从日本近两届奥运会奖牌榜上上获得 4～8 名的项目情况来看，游泳和体操所获奖牌还是占据了大多数，另外，在几个集体项目上日本也相对保持着比较稳定的水平，集体球类项目金牌数量则较少（如表 8-6、图 8-4 所示）。单纯从奖牌角度上来说可能不太经济，但是集体项目大多有着非常广泛的群众基础，众多国家对集体项目的发展都很重视。在日本的集体项目中，水平较高的是棒垒球、排球、足球三个项目。被称为“东洋魔女”的日本女排曾经创造了辉煌的成绩，随着世界体育形势的发展，日本女排失去了往日的光彩，但也一直保持着前八名的水平。从雅典奥运会日本棒垒球获得两枚铜牌，到北京奥运会女垒夺金，是日本集体项目的又一个历史性突破。

表 8-6　　日本 2004 年、2008 年奥运会第 4～8 位项目

	第 4 位		第 5 位		第 6 位		第 7 位		第 8 位	
	雅典	北京	雅典	北京	雅典	北京	雅典	北京	雅典	北京
柔道							1	2		
摔跤			2							
游泳	2		3	4	2	4	1	4	4	4
田径	2		2		1		1	1		
体操	1	2	1	4	2	1	2		1	1
棒垒球		1								
击剑								1		
射击		1	1			2			2	2
自行车						1				1
帆船								1		
网球	1		1							
乒乓球		1	1	4						
羽毛球		1		2						

续表

	第4位		第5位		第6位		第7位		第8位	
	雅典	北京	雅典	北京	雅典	北京	雅典	北京	雅典	北京
曲棍球									1	
足球		1					1			
皮划艇		1		1	1	1				
排球			1	1						
铁人三项				1						
举重						1				2
跆拳道							1			
跳水									1	
合计	6	8	12	17	6	10	7	9	9	10

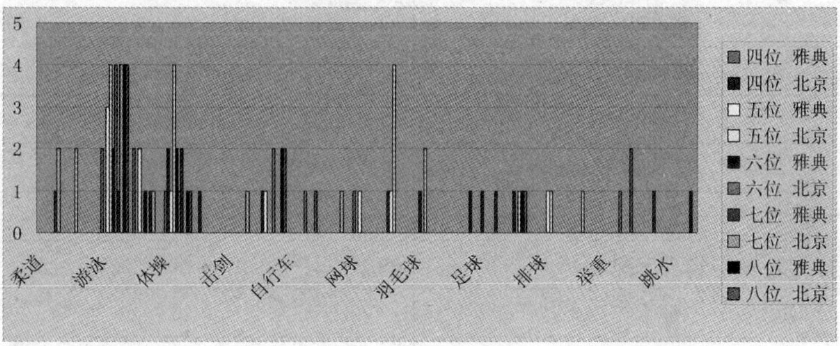

图 8-4 日本 2004 年、2008 年奥运会获得第 4～8 名项目情况

在日本获得奥运会第 4～8 名的项目中，除了拿到奖牌的项目以外，网球、乒乓球、羽毛球、曲棍球、足球、皮划艇、排球、铁人三项、举重、跳水等项目也具有一定的潜力(如表 8-7 所示)。

表 8-7 日本 2004 年、2008 年奥运会获得第 1～8 名项目奖牌总数

项目	奖牌总数
柔道	19

续表

项目	总数
摔跤	14
游泳	46
田径	11
体操	19
棒垒球	4
击剑	2
射击	9
自行车	4
帆船	2
网球	2
乒乓球	6
羽毛球	3
曲棍球	1
足球	2
皮划艇	4
排球	2
铁人三项	1
举重	3
跆拳道	1
跳水	1

第三节　日本参加历届亚运会成绩分析

在亚洲，日本曾是竞技体育的霸主，从20世纪50年代开始的二十多年时间里，日本在亚运会的金牌榜上一直占据着首位。直到第九届曼谷亚运会，中国的崛起才打破了亚洲原有的竞技体育格局，韩国也从第十届亚运会开始全面超过日本，这使得日本从亚洲霸主退步到了第三位(如表8-8所示)。竞技体育的竞争是残酷的，一个国家对竞技体育发展的重视程度，以及采取什么样的方式、方法发展竞技体育,是决定其竞技体育成绩的根本因素。

表 8-8 日本历届亚运会成绩

届(年)	项目数	日本参加项目	奖牌数				
			金	银	铜	合	名次
1(1951)	6	5	24	21	15	60	1
2(1954)	8	8	38	36	24	98	1
3(1958)	13	13	67	41	30	138	1
4(1962)	14	14	74	57	24	155	1
5(1966)	14	14	78	53	33	164	1
6(1970)	13	13	74	47	23	144	1
7(1974)	16	16	69	49	47	165	1
8(1978)	19	19	70	59	49	178	1
9(1982)	20	21	57	52	44	153	2
10(1986)	25	25	58	76	77	211	2
11(1990)	27	27	38	60	76	174	3
12(1994)	34	34	64	75	79	218	3
13(1998)	36	36	52	61	68	181	3
14(2002)	38	37	44	74	72	190	3
15(2006)	39	39	50	71	78	199	3

第四节 日本参加历届奥运会与亚运会的人数简况

从日本参加历届奥运会与亚运会的人数也可以大致看出日本对于竞技体育重视的程度及其发展水平,如表 8-9、表 8-10 所示。

表 8-9 日本参加历届奥运会运动员人数

届(年)	参加国数	日本参加运动员数			参加项目
		性别		合计	
		男	女		
1(1896)	14				

续表

届(年)	参加国数	日本参加运动员数			参加项目
		性别		合计	
		男	女		
5(1912)	28	2	0	2	1
7(1920)	29	15	0	15	3
8(1924)	44	19	0	19	4
9(1928)	46	42	1	43	6
10(1932)	37	115	16	131	9
11(1936)	49	162	17	179	13
14(1948)	59				
15(1952)	69	61	11	72	12
16(1956)	67	101	16	117	12
17(1960)	83	147	20	167	16
18(1964)	93	294	61	355	20
19(1968)	112	153	30	183	17
20(1972)	121	144	38	182	19
21(1976)	92	152	61	213	19
22(1980)	80				
23(1984)	140	178	53	231	18
24(1988)	159	188	71	259	20
25(1992)	169	181	82	263	21
26(1996)	197	160	150	310	23
27(2000)	199	158	110	268	24
28(2004)	201	141	171	312	26
29(2008)	204	170	169	339	26
30(2012)					

表 8-10 日本参加历届亚运会各类人员数

届(年)	国家数	日本参加情况			
		工作人员	运动员		合计
			男	女	
1(1951)	11	19	58	7	84
2(1954)	18	47	121	30	198
3(1958)	20	50	244	43	337
4(1962)	17	43	161	48	252
5(1966)	18	43	163	53	259
6(1970)	18	46	175	46	267
7(1974)	25	38	210	80	328
8(1978)	27	67	213	93	373
9(1982)	33	108	254	101	463
10(1986)	27	112	301	138	551
11(1990)	37	131	321	222	674
12(1994)	43	338	410	269	1017
13(1998)	41	327	374	255	956
14(2002)	44	327	397	261	985
15(2006)	45	279	352	274	905

日本是亚洲第一个参加奥运会比赛的国家,在 1912 年奥运会上日本派出了两名队员,参与了一个项目的竞争。近百年后,在 2008 年的北京奥运会上,日本代表团派出了 339 名运动员参赛,在世界上也属于参赛人数较多的国家之一。日本也是最早参加亚运会的国家之一,在最近的几届亚运会上,日本代表团加上工作人员更多达近千人。能够组织这样一个强大的参赛阵容必然是国家对竞技体育高度重视的结果,同时,也证明了日本是竞技体育高度发达的国家。

第五节　日本国民体育大会

国民体育大会是日本水平最高、规模最大的综合性运动会，其前身是神宫体育大会，战后改为国民体育大会，每年举办一次，从 1946 年开始已经举办了 64 届。国民体育大会是由日本体育协会、文部科学省和承办地共同举办的，由各都道府县轮流承办。国民体育大会也是日本《体育振兴法》里的一项重要内容，由于以都道府县为单位进行同场竞技并进行综合排名，各都道府县都为争取好的名次而努力。到 2010 年，参加大会的都道府县已经达到了 46 个。

日本国民体育大会的盛况

国民体育大会涉及的项目有田径、游泳、足球、网球、划船、曲棍球、拳击、排球、体操、篮球、摔跤、帆船帆板、举重、手球、自行车、软网、乒乓球、软式棒球、相扑、马术、击剑、柔道、垒球、羽毛球、射击、击剑、橄榄球、山岳、皮艇、空手道、保龄球、高尔夫、高中棒球、铁人三项等等。近几年，由于项目过于繁多，体育部实施了项目分类的改革，将每年举行的项目和隔年举行的项目分开，并根据奥运会项目的特点分别举办夏季大会和冬季大会，其中冬季大会以冰雪项目为主。

日本国民体育大会主要有有 7 个目的：(1)振兴体育事业，从青少年开始便对各种运动进行普及。(2)提高体育的社会地位。根据《体育振兴法》的要求，国民体育大会是日本体育的最高盛典，以此为契机提高体育的社会地位。(3)完善各都道府县的体育设施和竞技团体的组织体制，细化都道府县的体育振兴要求。(4)促进各级教练员的培养和组织化进程，形成全国的教练员指导网络。(5)提高乡土意识，增强地域体育活力，提高运动员、教练员和都道府县国民的乡土意识，培养他们对家乡的感情。(6)在举办地宣传体育文化，培养少年儿童参与体育运动的兴趣，激发举办地居民观赏体育的热情。(7)促进举办地的经济发展，提高举办地在宣传、道路、旅游等方面的服务水平，提高影响力，促进经济发展。

随着泡沫经济的破灭，日本经济出现了长期的低迷状态。而举办国民体育大会需要大量资金的支持，同时随着国民体育大会参赛人数、竞技项目的增多，各都道府县的经济负担加重，呈现为体育发展与经济基础之间的矛盾。日本体育设施、设备大多建于20世纪70年代，随着许多运动项目规则的改变，原来的场地和设施已经不能满足比赛的需要，而众多项目的规则一般都会定期地发生变化，为此，各都道府县轮流承办出现了困难。对高水平运动员来说，既要参加国际上的重要大型赛事，又要参加国民体育大会，不免有所取舍，许多高水平运动员于是把目光主要盯在国际比赛上，对国内比赛逐渐产生了淡漠的情绪。国民体育大会上各都道府县争夺的是“天皇杯”与“皇后杯”(分别是男子项目和女子项目的奖杯)，激烈的竞争也使得人们将目光聚焦到裁判身上，围绕裁判的公正执法问题也出现了不少的异议。

针对这一系列问题，日本体育协会牵头组织了若干讨论，结论是须以有效的改革来解决矛盾。改革有两个大的方向：一是简化程序，高效运作；二是培养人才，为提高国际竞争力服务。

为了使大会运作更加经济、高效，国民体育大会指出：一是开幕式上大量人力、物力的投入对提高竞技水平意义不大，拟取消开幕式；二是控制大会的规模，把项目进行分类，有的项目每年举行，有的项目每两年举行一次，同时对参赛运动员的数量进行限制，严格保证大会的运动水平；三是对体育设施灵活运用，加强经营管理，导入企业赞助，开发高效的信息系统；四是在承办单位上，由轮流承办改为选择承办；五是在培养人才的问题上，对参赛资格和年龄实行新的政策，加进了中学三年级的比赛项目。由于日本竞技体育大多从学校开始培养，所以运动员按年级进行分组，这有利于从国民体育大会中选拔优秀人才；六是在竞赛办法上，坚持抽签程序公正、公开，严格规范和约束裁判员行为，同时学习奥运会的组织办法，组织一支壮大的志愿者服务队伍。

小　结

从历史上来看，日本竞技体育在世界上已经达到相当高的水平，近几届奥运会的综合成绩也都处于前八的位置，这对于一个国土面积不足38万平方公里的岛国来讲实属不易。与此同时，充足的后备人才更彰显了日本竞技体育发展的潜力。但是，由于历史原因，日本高水平的竞技体育项目始终停留在有限的几个项目上，这虽是世界竞技体育发展的自然状态，但也是日本竞技体育发展的局限所在。从占有优势的几个项目来看，虽为亚洲国家，但日本在体能类项目如田径的几个单项和集体项目的棒垒球上也有突破，这反映了日本高水平的运动训练质量。从政策执行的效果来看，每一次国家重要决策的出台，都极大地提高了日本竞技体育的整体发展水平，同时，从高水平运动员的选拔到后备人才的培养，日本逐步建立健全了一整套程序和制度，反映出日本社会极强的政策执行能力。

第九章　进入新世纪后日本竞技体育的变革

第一节　企业体育的逐渐撤离暗示着日本体育的变革

随着泡沫经济的崩溃，日本的大部分知名企业都解散了其内部的体育俱乐部。从1995年开始的十年期间，报纸上公布的就有253家之多，这只是公布出来的数字，而实际情况据估计要比这个数字多数倍。企业俱乐部解散以后，有的被尚存的俱乐部合并，有的被作为市民体育俱乐部重建，也有的被特定的非营利法人重组，日本企业俱乐部的整体状况在短短十年里已经面目全非。高水平的运动员如果既不能继续在企业内训练，又不能向其他俱乐部转会，那么就只能提前退役了。退役以后，这些人一般不再从事运动训练而是从事其他行业，其丰富的训练经验和科学的训练方法于是再也得不到传承。在日本，棒球、田径、足球、冰上、排球、篮球等众多项目都存在这样的现象。

日本竞技体育的管理者和运动员大多是从学校的运动部里一代一代地被选拔出来的，学校运动部的规定和理念已经内化为企业俱乐部的文化。在竞技人才缺乏的时代，俱乐部的监督员、教练、运动员都是由关系亲近的人推举产生的，这种方式持续得久了，所有事情都能在默契中进行。但当有一个企业俱乐部解散且解散后的运动员却从事了其他各种工作时，横向联系中许多还在从事与运动训练有关的人员的心理便开始动摇，为了自己的安身之计也会提前退役，并进入企业的行政、管理、业务等部门从事新的工作。因此，企业与体育之间的关系面临重组，特别是当企业经济状况不景气时，更会很快放弃以前那种对体育部"背着"或"抱着"的态度，而一切从企业实际利益出发，在这种大背景下，构建企业对体育进行支持的新体系显得尤为迫切。这样，体育俱乐部的何去何从就已不是简单的社会服务意识问题了。

当然，从另一个角度来讲，企业从体育中撤出也为俱乐部重组提供了新的发展机会。例如，新日本钢铁基地的男排原来是联盟的单独企业队，现在变成了该地域企业、自治体、市民共同支援下的队伍，转换成集体支持的队伍以后，人们对俱乐部的成绩和水平要求更高了，为了吸引观众，各俱乐部的优秀运动员聚集在一起，结成了广岛水平最高的综合体育俱乐部，成了联盟里地域密集型综合体育俱乐部的代表。与此相类似的还有有着惊人观众数量的“RB Lax 新潟”、自治体组织的“Mountain 山形”“湘南 Bell male“等体育俱乐部。这些体育界的新秀，以各种各样的姿态吸引着人们的目光。这种重新建构的趋势给日本体育界带来了新的变化，也给运动团体带来了以体育事业为核心的独立发展的机会。

第二节 体育振兴计划在实施过程中的变革

2000 年《体育振兴基本计划》的发布，使日本体育进入了一个飞速发展的时期，这个飞速发展不是单方面的，而是一个整体的提高。为了使终身体育在全社会中得以实现，日本政府在各地域建立良好的体育环境，以终身体育、竞技体育、学校体育为三大支柱，支撑起了日本体育整体的结构体系，并在深入分析日本社会体育发展状态的基础上，明确而详细地规定了每一步的发展目标。

日本女篮队员

快速发展的背后，必然存在着许多矛盾和问题。东京奥运会以后，建立在经济快速增长基础上的日本体育的发展，是以个体的需要和社会的需要为基础的，在许多问题没有分析清楚的情况下就达到了极限的发展状态。这样一来，一系列问题在不久之后就暴露出来，比如日本滑雪联盟的金钱问题、日本篮球协会内部纠纷问题、棒球界的内部经济问题、高中棒球学生的特殊照顾问题等等，类似的例子不胜枚举。这些问题的出现在大多数情况下不仅仅是快速发展的问题，还有许多历史遗留问题夹杂在其中。1990～2000 年的 10 年在日本被称为"丢失的 10 年"，社会发展陷于停滞状态。以此为背景，突然空降的顶层变革带来的问题也就不言而喻，但改革也正是在解决这些问题的过程中进行着。

作为模板提出来的综合性地域体育俱乐部的开发，是在行政当局比较混乱、对体育振兴彩票的收益没有正确的估算、对俱乐部的开发方法也没有具体论证的情况下开始的。起初困难重重，许多俱乐部建设因资金的不足而被中途砍掉。在这种情况下，以实现发展目标来反映地方"执行力"的动员起到了很大的作用，同时，"根据当地实际"来推进改革的举措在全国得到了积极的响应。到现在为止，在行政和各有关团体的共同努力之下，综合性地域体育俱乐部建设在全国铺开，全国 1827 个市区町村中有 631 个市区町村建成了 2004 家俱乐部，另有 386 个市区町村报告了准备建 551 个俱乐部的计划。行政合并使市町村的数量减少了很多，在这种情况下，全国半数以上的市町村都创设了综合性体育俱乐部。

综合性地域体育俱乐部不仅仅是加了一个"综合性"的帽子，而是确有实质性的结构变革。在 2006 年修订的《体育振兴基本计划》中，中央教育委员会强烈要求把儿童的体育能力提高方案政策加进去。这种具有实质作用的改革政策也逐渐显示出一定效果来。计划中的各个领域不仅有了很大的变化，而且还带来了体育界整体结构的变革，有关领域间渐渐构筑起完整的系统。无论是老牌企业的体育俱乐部转化成的有法人资格的俱乐部，还是行政部门举办的公共体育设施的俱乐部或项目联盟俱乐部等等，都已经把地域体育、竞技体育、体育培训、教练员的培养等纳入了俱乐部的实际发展，这也是实现国家计划目标的必要过程。综合性地域体育俱乐部的建设，在考虑地域的实情方面也有了整体的发展方向，自治体和地域社会及体育的有关团体应该加强协调配合，共同前进。

在《体育振兴基本计划》中，非常醒目的一条是国家竞技力的提高。各运动团体、各自治体广泛地从初级水平的运动员着手，发掘具有优秀素质和发展潜力的后备人才，并根据个人的特征和各年龄阶段的特征进行指导，其目标是培养世界一流水平的运动员。许多自治体和运动团体组织了各种协会，开展了人才发掘项目，但能不能达到效果还需要时间证明。与 20 世纪 60 年代相比，冰上舞蹈、乒乓球、高尔夫、排球、足球、棒球、滑雪等项目已经有了质的飞跃。一方面高水平运动员与俱乐部联系紧密，各种各样的宣传唤起了运动员通过奋斗成为体育明星的梦想；另一方面，以家庭为后盾实施着英才教育，社会、地域、家庭共同努力。不论是个人项目还是集体项目，在家庭、学校、俱乐部的共同支持下，许多儿童都有条件开始一种或几种运动项目的训练，第一步目标是进入名校名队，然后向着成为高水平运动员的梦想迈进。20 世纪 60 年代的路子是学校运动部中拔尖的人才进入大学或企业队或直接成为职业运动员，现在的情况是先从家庭开始在儿时打基础，然后再进学校运动部，以各种运动能力的发展为导向。但这里面有一个潜在的问题，就是 20 世纪 60 年代的运动员与 21 世纪的运动员在认识上存在着质的差别，世界在发展，人的意识也在不断变革，而且训练的环境、条件也有了很大的变化，国际国内的体育发展状况跟当年相比也不可同日而语，新的培养理念与新的培养方式能不能站在国际的视角，能不能跟上时代的步伐，只能从结果上去评价了。

第三节　学校运动部的变革

当今日本社会，由于儿童人口数量越来越少，学校对学生的安全意识不断提高，使得学校体育运动的发展受到了制约。体育教育的基础环节日趋薄弱，学校里教科外活动(也叫“特别活动课程”)的比例逐渐降低。

学校运动部之所以吸引人，主要有四个方面的原因：第一，最能吸引学生的是这里是同龄人的乐园，处于同年龄阶段的学生基本上心灵相通，兴趣相同。第二，这个时期学生处在身体发育阶段，每个细胞都处在活跃状态，况且很多运动项目适合学生的身体发展，所以这一时期的活动都是学生一生难得的体验，与其就业后进行体育活动的意义是不同的。第三，在学校的运动部里学生不仅能得到身体上的锻炼，而且还能得到其他方面有意义的教育，在此过程中学生形成了丰富的情感和健全的人格。第四，学校间经常组织有意义的竞赛活动，这为学生的发展提供了平台，为他们的青春写下了美好的一页。

学校运动部是以学生共同的体育爱好为基础而自发组织起来的学生团体，通过自发性的活动培养学生健康的体魄，愉悦其身心，丰富其涵养，这是学校运动部一直以来的理念。然而，长期以来在运动部的发展上也存在着很多问题，比如教师的劳动时间过长问题、胜利至上的短期主义问题、暴力问题等，有一些问题甚至能在学校体育的体制上直接表现出来①，如在教学过程中有的教师采用的教学手段落后、考试方法陈旧、教师老龄化问题严重等等。

以上这些现象并不是突然爆发的，而是随国家人口结构等问题的变化逐渐出现的。为了改变这些状况，《体育振兴基本计划》已经规定了终身体育与竞技体育、学校体育紧密配合、协调发展的方案政策。对于运动部而言，扩大与地域

① 菊幸一.学校体育の危機と生涯スポーツ.変わりゆく日本のスポーツ.東京:世界思想社 2008，P190.

教练员的交流合作，改善运动部的活动与经营状况，充实学校体育大会等都有着重大意义。学校与社会的联系，不仅仅局限在体育方面，随着学生数量的减少，学校教室等许多设施也可以作为社会性体育活动开展的平台，也为综合性地域体育俱乐部的发展提供了便利条件。但与此同时，伴随着人口的逐渐减少而产生了许多资源浪费也是不争的事实。

学校运动部还承担着提高国家国际竞技力的使命，这种使命最终通过国际大赛来实现。在中学、高校之间的对抗竞技中发现和培养优秀运动员，对于学校知名度有着很好的提升作用。而由于体育设施有七成在学校，所以学校与地域的紧密配合是达成这一计划目标的不可或缺的条件。

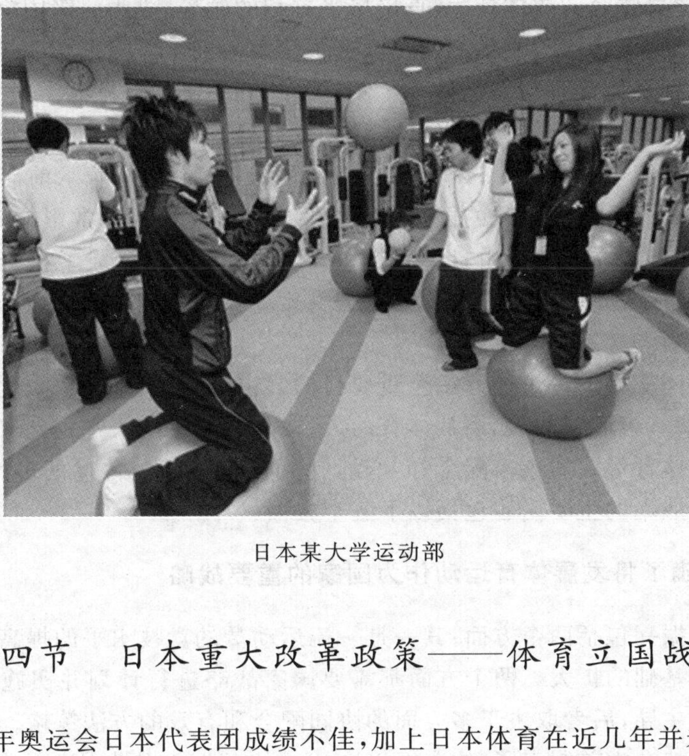

日本某大学运动部

第四节　日本重大改革政策——体育立国战略

2008 年奥运会日本代表团成绩不佳，加上日本体育在近几年并未达成预定计划，使日本竞技体育成绩没有达到预期的目标，这引起了日本政府的高度重视。2009 年，自民党政务调查会成立了体育立国调查会，把日本体育立国战略单独作为一部分研究，这一有关竞技体育的又一重大决策被称为“体育立国战略”。但因为其尚未完全施行，能否产生像《体育振兴基本计划》那样的效果还有待实践的检验。

当今世界体坛竞争日趋激烈，日本充分认识到竞技体育在提高国家地位和弘扬民族精神方面的价值，并在体育立国战略中提到：在国际大赛中升起日本的国旗对全日本国民来说是非常激动的时刻，这是对一流竞技运动员长期刻苦训练的最佳回报，同时对国民的体育热情也有着极大的激发作用。然而，日本在北京2008年奥运会上的成绩却不尽如人意，与此同时，青少年体力依然有下降的倾向，存在着身体机能过弱的危机，年轻人的社会健康问题越来越多。为了培养青少年健康、丰富的人格，发展体育是一条极佳的途径。体育是人类共同的文化，超越了语言、民族、宗教，在同样的规则下进行竞争，加深了人们之间的理解，竞技体育在促进国际交流的过程中也发挥着重要的作用。

体育立国战略是在日本体育发展不畅的时代提出的，在内容上有两个重大提议：一是建立体育省或体育厅，直接接受首相的领导，成为一级国家机构；二是提高对体育的投入，当时文化产业在国家预算中占到4%，而体育则只占1%，因此所设的目标是使体育与文化投入比例逐渐达到齐平的程度。

体育立国战略也是体育振兴基本计划的延续，因为体育振兴基本计划的十年目标并没有完全达到，所以体育立国战略的颁布，也具有着承前启后的作用。对于日本这样一个多党执政的国家来说，党派之间的争斗常常影响到社会事业的进程，比如体育立国战略由自民党提出，但是自民党一度成了在野党，此战略实行起来就打了一些折扣。因此，国家公共政策的提出与实施不应该因党派的差别而受到影响。

体育立国战略的提出还有一个重要目的，就是促进新型体育文化的建立，以人为本，促使从事体育的人、观赏体育的人、成长过程中的人都得到有效的发展，并依靠各种体育形式的紧密配合和互动，达到体育发展与传播的最大效果。日本体育立国战略的主要内容包括以下五个方面：

一、明确了将发展体育运动作为国家的重要战略

体育的振兴包括两个方面：其一是一流运动员的竞技水平的提高；其二是全体国民体育基础的扩大。两个方面都需要国家战略进行计划并实施，前者依靠国家强力的主导，后者取决于多方面的协同配合和有效的方法策略。

日本虽然在之前制定了《体育振兴法》和《体育振兴基本计划》，但是作为国策的意义还不能够被广大国民完全接受，况且《体育振兴基本计划》实施得也不是很完善。日本在国家层面固然接受不了“弱小”的帽子，但以其竞技体育发展的情况来看，长期只局限于一两个优势项目，在竞技体育人口上，也由于本身国家面积和人口有限，特别是儿童人口数呈递减趋势，很难进行竞技体育的推广。另外，从经济角度来说，日本多年来保持着经济大国的地位，但从奥运会获得的金牌数来看，与经济大国的地位并不相称。这一点实际上从投资比例上也看得

出来,日本对于体育方面的投资与西方发达国家相比也存在一定的差距。

但不管怎么说,体育本身具有积极的教育功能,发展体育有百益而无一害,针对本国现状提出的体育立国战略是日本在新的国际竞争中的一项重大举措。

二、实施举国政策,提高体育竞技水平

1. 提高一流运动员的竞技水平

提高一流运动员的竞技水平是日本体育立国战略的首要任务。为完成这一任务,日本制定了以下计划:一是大力支持运动员的日常训练,充分从经费上保证运动员训练的生活费、国际交流远征费、训练器材设备费、营养费,满足一流运动员集中精力训练的条件。二是建立运动员的技术支持系统,采用科学的训练方法和手段,对有希望夺得奖牌的运动员,从技术、精神、营养、体能等各个方面去提高,从一个整体发展的视角去建立运动员技术训练的支持系统。三是建立国家级教练员制度,优秀的教练员是发展竞技体育的必要条件,建立国家级教练员制度,实质上是保障优秀教练员的地位和待遇,建立使优秀教练员能够集中精力指导训练的保障体系。四是发展对外交流,现代竞技体育不能"闭关自守",对一些起步晚、水平低的项目要引进国外教练员或把运动员派到海外训练,对运动员退役后有教练员指导资格的,也要派遣到海外学习,加强对外交流。五是加大对运动员退役后的职业支持力度,为使运动员安心训练,除了直接解决运动员退役后的职业安置问题,还要使运动员及早学习新的职业技能,为退役做好准备。六是充分利用一流运动员的社会效应。一流运动员通过竞技生涯创造了高度的社会评价和知名度,若能有效地利用起来便是一笔宝贵的社会财富,所以要使运动员不仅限于参加体育系统的交流,而且向着体育以外的文化、教育等领域积极渗透,创造更广泛的社会效益。七是建立女子体育的支持体系,日本社会中大部分的女子运动员在结婚、生育以后就结束了运动生涯,但也有许多运动员还能够保持较高的运动水平,所以要建立一种让婚后女子运动员能够继续从事体育运动的机制,使其运动天赋得到充分的发挥。

2. 建立国立体育设施并强化运行机制

第一,建立国家运动员的"圣地",要求既能够举办国际大赛,也能够使运动员建立心理上的向往,提高其训练的积极性。第二,对已有的国家训练中心和国家科学中心进行机能上的强化,充分利用硬件设施并增强软件的功能,对已有的国立竞技场老化的设施进行改建,进一步建设适应国际大赛的竞技场馆。第三,促进反兴奋剂活动,建立国际信任。第四,重新讨论国家的表彰制度,对在体育领域作出了特别贡献的运动员要给予国家贡献奖,可学习艺术领域的做法,以文化功劳和文化勋章的形式颁发。

日本的综合性体育俱乐部①

三、积极准备国际大赛的承办

北京奥运会的成功举办令日本感到承办世界大赛的作用不仅限于对体育的促进,而且还对整个社会的发展都有着巨大的推动作用。同时,日本申请2016年奥运会举办权的失败也促使其在申请国际大赛的举办权方面推出了更进一步的举措:一是保证承办国际大赛的财政支持;二是强化体育外交,围绕承办国际大赛特别是奥运会加大宣传力度,与国际上的竞技团体构建良好的关系,同时利用政府开发援助ODA的经济支援,组织日常的体育会议交流,承办大型的国际体育会议,通过运动员、教练员的派遣等积极展开体育外交,大力培养有国际影响力的外交人员;三是大力传播奥林匹克精神,举办奥运会不仅仅是取得成绩,而且还要传播奥林匹克精神,通过体育发展全面提高人的素质,促进国际和平。

四、建设良好的地域体育环境

1.充实学校体育环境

体育的发展离不开体育环境的营造,相关部门应通过对全国儿童进行体力和运动习惯的全面调查研究,准确地把握其发展方向,认真分析存在的问题,把研究形成的结果与学校和地域结合,建设良好的体育环境。学校体育要从小学

① 资料来源 http://www.seiwa-univ.ac.jp/about/institution/img/traning_pic.jpg.

开始配备专业化的指导老师，运动项目的设置也要与中学和大学相对应。要建立健全专业体育教练员和指导者的聘用和进修制度。对于儿童人口数量减少导致的学校规模小、人数不足的情况，可以组织几个学校共同开展运动部活动，并保证教练员的指导水平。建立健全高水平的体育训练基地和专业俱乐部，以提高国家的竞技水平，同时在大学也要设立运动基地。武道是日本传统的优势项目(包括柔道)，要修订相关的学习指导要领，中学保健体育应将武道设置为必修课，并确保场地器材能够充分满足训练的需要。

2. 建设良好的地域体育环境

要积极建设和发展综合性地域体育俱乐部，满足国民多种体育和娱乐需要。同时，各都道府县也要建立广域的体育中心，促进民间体育活力的形成，大力支持竞技体育的发展。长期以来，这些场所的设施在运营的基础上已经形成了较好的体系，目前还需进一步有效地利用学校和企业的现有体育设施。要在税制上进行改革，减轻企业的体育设施利用负担。地域综合性体育俱乐部要配置有执教资格的指导者或教练员，优先考虑高水平的体育教练员和体育院系毕业的运动员。体育指导员制度建立以来，全国已经有5万人获得了体育指导资格，要充分发挥他们的作用，促进终身体育和竞技体育共同发展。

3. 发掘有潜质的体育人才并进行合理培养

相关部门应在初级阶段发掘有较大体育潜力的中小学生人才，建立与国家训练中心进行长期联系的制度，导入从初级水平到高水平的阶梯式指导方式，并加强专门体育培训俱乐部的建设。

日本某小学的田径运动会

4.促进职业体育和民族传统体育活动的发展

国家应以合理的政策促进一流运动员的市场化运作，振兴职业体育，促进体育产业的发展。在继续提高职业体育运动员技术水平的同时，要大力发展体育产业，促进体育用品的开发和体育品牌的经营，建立良好的市场环境，推动职业体育和体育产业健康、有效地发展。民族的传统体育活动（如日本相扑）既是体育市场的一部分，也是传统文化的一部分，发展民族传统体育能够有效地拉动体育内需，促进经济发展，保护传统文化。

5.国民体育大会的改革

日本国内最大、水平最高的就是国民体育大会，是发展国家竞技体育的重要支持力量，因此，认真组织和举办国民体育大会是国家体育事业的重要组成部分。振兴地域体育活动可促进新的体育文化的形成，而建立公平的比赛环境则可促进地域间的竞争，因此，应以对国民体育大会的有效改革促进各地域竞技水平的提高，从而进一步促进国家竞技体育的发展。

五、扩大体育预算，推进竞技体育发展

若要有效实施体育立国战略，必须建立新的发展理念，明确各个机构的责任，同时扩大对体育的投资，这些都是必不可少的基础性举措。

一是确立和发布体育立国宣言。体育立国战略虽然由自民党负责调查研究，但是作为国家政策，应该赋予其超越党派的国策的地位，由国家权力的最高机关——国会决议并发布体育立国宣言。二是制定新体育法。现行的《体育振兴法》是 1961 年制定的，到目前已经实施了五十多年，日本社会和国际社会都发生了巨大的变化，经济状况、国民的体育需要、国际竞技水平等方面的变革使得颁布新体育法成为重中之重。新体育法应该是体育基本法，以基本法的形式规定国家和社会发展体育的责任和义务。三是设置体育省（厅）以保证组织基础。要对与体育有关的行政进行一元化管理，建立强化体育振兴体制的体育省（厅）国家机关。四是扩充体育预算。体育和文化事业是支撑社会发展的重要基础，对它们的充实和强化是非常紧迫的课题。日本的文化预算是 1000 亿日元，从国际上看，并不是很高，体育预算还达不到其 GDP 的1/5。而且，艺术文化振兴基金约有 650 亿日元的规模，而体育振兴基金不足其1/2。这些情况充分反映了日本对体育投资的不足。因此，作为一项战略性的国策来振兴体育的首要条件是扩充预算。真正要实现体育立国的目标，体育预算应该达到与文化预算同样的比例，而且要讨论与体育振兴有关的税制优惠措施。体育振兴博彩业和体育振兴基金都是增强社会活力的娱乐性项目，要积极予以发展，以便尽可能地获得多种财源的支持，保证日本体育立国的目标顺利实现。

第五节 《体育基本法》

2011年,日本政府根据社会变革的情况,在体育立国战略的基础上,把体育法的位置提升到"基本法"的位置,制定并出台了《体育基本法》。《体育基本法》在原来《体育振兴法》的基础上有了较大的修改,主要表现在:

一、《体育基本法》首先统一了对体育的认知问题

体育,是健全身心、增进体力、保持健康、丰富精神、提高涵养的个人或集体进行的身体活动。国家应以国民的自觉性、自发性为基础,保证人人拥有参与体育的权利,同时为国民提供安全、适宜、公正的环境,确保人们拥有亲近体育、享受体育的机会。

体育还担负着锻炼青少年体能的任务,与此同时,体育锻炼对培养青少年健全的人格、自律的态度及各种实践能力也有莫大的好处。

体育促进着地域内及地域间的交流,有利于增进地域的一体感,增强社会的活力。体育是在不断增进人们身心健康的基础上,创造一个健康的有活力的长寿社会的不可缺少的因素。

运动员以自身的不断努力挑战生命的极限,活跃在世界竞技大赛的舞台上,激发着国民的自豪与感动,增强了国民对体育的关心,引导着日本社会的活力,推动着国民经济的发展。日益深化的国际体育交流促进了国家间友谊,在提高日本的国际地位、维护世界和平方面起到了不可磨灭的作用。

每个人都拥有通过体育来创造幸福生活的权利,国民应该拥有终生参与体育的平等机会和场所,以保持身体和心灵的健康状态。因为体育伴随着青少年身体的成长,具有提高整个国民身体素质的功能,所有以体育运动为核心的团体必须与社会和家庭联系起来,共同创造美好的事业。各地方政府应以本地域居民为主体发展体育,使国民亲近体育,促进以体育为核心的地域间交流。发展体育也需要在增进健康的基础上保证安全。地方政府还需要考虑到残疾人的体育问题,积极地鼓励残疾人主动参与体育,并根据残疾人具体的身体情况提供必要的保障。国家应积极发展竞技体育和职业体育,鼓励各层次的运动员参加全国比赛与世界比赛,各地方团体则需要提供充分的条件并与各部门联动起来,致力于提高竞技水平。

日本某综合性体育俱乐部

以上这些是日本从法律角度对体育功能的认知，说明了立法缘由，明确表明这将是21世纪重要的课题，并从体育立国的角度说明了把体育法上升到基本法高度的重要意义。《体育基本法》在提高了国民对体育的关心和厘清了种种体育概念的基础上，明确了国家机关及地方政府的责任与义务，使政府与民间可协同推进体育政策的实施，从而更高地为国民身心健康服务，建设一个富强、阳光的社会。

《体育基本法》对体育的规定明显比原来的《体育振兴法》更为丰富，对体育的功能、价值的认识更为精准，而从法律角度上更详实的规定也使国民能够有章可循，具有重大意义。

二、《体育基本法》明确了各行政主体的责任与义务

国家的任务是在对体育认知基础上制定综合体育政策，并付诸实施。地方政府的任务是在对体育认知基础上，配合国家并根据自身特点发展各地的体育。体育协会、体育团体为振兴体育事业进行的运营必须透明，要自觉遵守相关法律，解决纷争问题应该迅速而准确。国家、地方共同致力于使国民过上健康和丰富的生活，不断促进国民参与体育、享受体育。国家、地方、学校、体育团体以及民间体育独立法人有责任在基本理念的基础上互相配合、协同发展体育事业。文部科学省负责体育规划，在《体育基本法》基础上根据社会和国家的需要制定体育基本计划，各地方政府也应根据实际情况制定本地方的体育发展计划并切实推进其实施。

三、《体育基本法》规定了发展体育的基本要求

国家和地方政府应努力培养体育指导者等体育人才，建立系统的培训体系，不断提高指导者的水平并开发其自身价值，利用研究会、讲习会等形式，努力促进人才的培养与使用。国家和地方政府应根据国民居住的条件，就近建立符合国民需要的体育设施（体育设施应同时符合高竞技水平的要求），并提供体育指导等相应的服务。与此同时，体育设施要确保安全，努力为残疾人提供方便。根据《学校教育法》的规定，国立学校与公立学校的体育设施，不能只保障学校教育的需要，还必须努力为社会提供服务。国家和地方政府，也必须为学校等体育设施的使用、修缮等提供支持。国家和地方政府必须努力向国民宣传体育事故的处理方式、设施设备的使用方法以及增进健康和确保安全的有关知识。国家保护体育参与者的权利和利益，实施中立的体育纷争调解机制，努力提高调解机构和调解人的水平。国家进行医学、生理学、心理学、力学等体育学科的基础研究，并推进这些研究成果在实践中的运用。国家制定政策推动独立行政法人、大学、体育团体、私营企业等之间的合作与交流。国家努力扩展国际视野，学习世界先进经验，为提高本国竞技水平服务。国家和地方政府有责任推进学校体育发展，促进青少年的身心健康和全面发展，养成正确的体育态度，同时不断改进学校的体育馆、运动场、游泳池等设施，提高学校体育教师的教学水平，充分发挥体育指导员的辅助作用。国家应努力推广体育运动并且提高国家体育运动技术水平，促进体育产业的发展。国家和地方政府对于运动员和教练员的选派、国家队人才的选派、国际大赛的参与及举办以及其他国际交流提供政策上的支持，努力增进国际理解和提高日本竞技体育水平，并表彰和奖励在各项大赛中获得优异成绩的运动员和团体。国家应发展多种多样的体育事业形式，对有较高群众基础的项目、地方的体育运动会与国家法定节日的户外活动与休闲体育等提供政策上的支持与资金上的保证。

四、竞技体育的发展被提到前所未有的重要位置

《体育基本法》不仅单独规定了有关提高竞技体育水平的政策，而且在各项政策中都有关于竞技体育的内容。地方政府、学校、俱乐部设施都要保证能够满足运动员训练的需要，同时，国家对优秀运动员提供表彰和奖励。国家确保优秀运动员的培养，支持高水平运动员的国际体育交流，为提高运动员的竞技水平提供政策和设备上的保障，不断拓宽优秀运动员与教练员的知识和技能。日本体育协会、日本奥委会、日本残疾人体育协会按公益财团法人设立，同时，国家对国民体育大会与残疾人运动会也提供必要的资助。

政府就有关体育的综合政策单独设立体育推进会议，与文部科学省、厚生劳动省、经济产业省、国土交通省等有关国家机关联络并展开讨论，都道府县设立体育推进审议会，制定本地区的体育推进计划。市町村把原来的体育指导委员会改为体育推进委员会，体育推进委员会根据当地教育委员会的规定，对当地的体育推进工作进行调查研究。

五、《体育基本法》为体育事业发展提供了资金支持

《体育基本法》对体育事业资助的种类进行了明确规定，包括对举办国民体育大会、全国残疾人运动会的资助，而地方政府政策中规定的体育事业的其他经费会在预算范围内进行补助，如对各地方的体育团体发展体育提供必要的补助。

六、日本《体育基本法》的特征

《体育基本法》明确了政府的态度，即并不是站在限制国民的主场上，而是站在维护国民体育权利一边，规定了发展体育事业的重点和方向，引导人们依据法律发展体育。同时，《体育基本法》对多种体育形式都作出了明确的规定，特别是把竞技体育提到前所未有的位置上来，表明了日本发展竞技体育的决心。

第六节 日本《体育基本计划》

《体育基本法》的理念从国家入手，规定独立行政法人、地方政府、学校、体育团体以及民间事业等与体育有关的方面应协同发展，而《日本体育基本计划》是根据《日本体育基本法》的规定而展开的发展体育的具体计划。

一、《日本体育基本计划》的制定背景

日本社会近年来人口老龄化现象加重，随着文化的全球化、国际交流的增多、国际竞争的激化，整个社会的价值观念发生了激烈的变化。2011 年日本“3·11”大地震夺去了许多人的生命，国民生活承受着前所未有的压力，社会复兴成为当前最大的课题。为了应对复杂的环境，为了日本将来的可持续发展，为了凝聚人与人之间的关系，为了下一代的健康成长，为了实现健康长寿，为了提高国民的民族自豪感，为了提高本国的国际地位，日本社会期待着体育为此做出更大的贡献。

《体育基本计划》是以《体育基本法》为基础，由文部科学省制定的发展体育的综合政策，换言之，就是把《体育基本法》的理念具体化，为日本今后体育政策的制定指明了方向，为国家、地方政府推进一体化体育事业的实施奠定了基础。

计划实施以来，其内容也在根据社会发展状况不断作出调整。2009 年 8 月，文部科学省发布的《体育立国战略》确立了新体育文化的目标，促使从事体育的人、观赏体育的人、培养体育的人协同发展，为人们创造体育机会，培养优秀运动员，增强体育的透明和公平，以体育为根基创造整个社会的良好发展势头。

二、体育基本计划的主要内容

《体育基本计划》的目标是：第一，向青少年提供参与体育的机会，培养青少年尊重他人、协作宽容、遵守纪律的精神和实践能力，使他们成长为具有积极人格的下一代；二是推进健康而有活力的长寿社会的创建，创造体育运动的生活舞台；三是创造居民主动参与地域体育的环境；四是创造培养优秀运动员的条件；五是促进国际交流，提高国际地位；六是坚持体育的透明、公平、公正；七是形成各地域培养优秀运动员的良好体制。

三、《体育基本计划》的实施方式

《体育基本计划》的实施方式主要有以下几种：

1. 在学校和地域增加青少年参与体育的机会

以增加少年儿童课外体育活动为目的，在当地学校营造使青少年能够快乐参加体育的氛围，保持青少年增进体能的态势，力争回到 20 世纪 80 年代青少年体能的平均水平。为此，应采取的措施包括：

第一，从幼儿期开始积极推进体力增长计划。全国人均体力、运动能力的调查结果显示，孩子们只有具有积极参与运动游戏的欲望，才能保持良好的运动习惯，才能不断增进体力。虽然《体育振兴计划》实施十年后儿童体力有所提高，但是与 20 世纪 80 年代相比还有一定差距。运动习惯的养成，不仅要靠学校的力量，而且还要建立学校、家庭、地域一体化的体育运动促进体系，积极培养孩子良好的体育态度，从小学低年级就开始培养其参与体育的兴趣。国家和地方政府、各地教育委员会应与学校合作，开展周期性的全国体力和运动能力调查，开发、普及幼儿期的体育提高系统，使儿童养成爱好运动的习惯。应根据幼儿年龄、性别的差异，活用医学、心理学、生理学、力学、经营学、社会学等科学手段，努力促进其体力及运动能力的提高。

第二，充实学校有关的体育活动。提高学校体育教师的指导能力，同时鼓励社会上有资质的体育指导员积极参与学校体育的授课，积极培养学生的体育兴趣。学生阶段是终生体育形成的基础，但是目前日本学校的教师年龄偏大、知识陈旧。为完善学校体育的指导体制，在学校配备专门的体育指导员成为当务之急。大学应在自主办学的基础上，努力提高健康安全课程质量，并根据高等教育的法律规定，配备专业教师指导运动部的活动。中小学则可结合自身需要，积极组织各种体育运动队伍。要完善地域的教育支持体制，地方政府要灵活发挥本地域内体育指导员的作用，积极建立学校间的联系，努力提高综合性地域俱乐部的水平，发展多种项目，联合开展活动。地方政府还应积极组织体育比赛，与学校签订协议，鼓励学生参加体育俱乐部的活动并认可相关比赛成绩。同时，大力开展体育宣传工作，推动体育知识走进校园的进程，并为教师提供更多的研修机会。

综合性体育俱乐部

第三，充实社会体育环境，拓宽学生参加体育运动的渠道。应以综合性体育俱乐部为起点，不断完善地域体育环境，提高人们的体育参与度。从体育少年团几十年来的发展来看，由于没有建立学校与社会之间的长期联系，出现了小学生参与率高、中学生参与率低的倾向。今后，国家要从关注参与率最低的中学女生群体开始，提供多样化的体育参与形式。综合性体育俱乐部应根据学生的爱好，继续发展体育少年团，培养学生们吃苦耐劳的精神，使其养成运动习惯，为此可充分利用教育设施、公园等组织野外活动。独立行政法人国家青少年教育机构要扩展学生户外活动的方式，广泛地对家庭和社会进行宣传，组织高水平的户外活动。根据各地的实际情况，在各个地方政府的组织下，学校、综合性体育俱乐部、体育少年团、学校体育团体、竞技团体、野外活动团体、休闲体育团体、残疾人体育团体要统筹合作，针对学生和家长开展多样化的运动，准确把握参与运动人群的信息，努力开发更加适合不同人群的项目，建立、健全配套完整的体育运动设施。

2.扩充年轻人及中老年人参与体育的机会，推进适合各年龄段人群参与的体育项目的开发国家要进行各年龄阶段的体育活动调查，在把握动态的基础上，根据从事运动的人们的年龄和性别，制定不同的运动量和强度标准，不断开发和普及各类运动项目。国家支持体育振兴中心和体育俱乐部协同组织体育活动。一方面，认真分析年轻人参与体育困难的原因，搭建年轻人容易参与的体育活动平台；另一方面，开发、普及适合老年人的休闲娱乐或体育活动方式。地方政府与综合性体育俱乐部可紧密配合，开放体育教室，举办体育比赛、亲子活动，创设女士活动日、年轻人活动日等，引导不同年龄段的人参与体育活动。在宣传方面，国家可在鼓励有固定工作的人员参与体育活动的同时，寻求与地方政府、大学和研究机构、体育组织、私营企业等进行体育合作，鼓励体育志愿者的活动，表彰体育志愿者的贡献，通过体育志愿者活动提高国民对体育的关心程度。

3.创设以社区居民为主体的体育参与环境

一是发展综合性俱乐部。综合性俱乐部应该为本地域的各种人群服务，根据其年龄、性别、兴趣、技术水平建立相适应的运动参与机制。以东京的23个区为例，截至2012年，综合性俱乐部设置覆盖率达90.9%（相邻町村仅达75.4%），但是尚未达到前期计划的目标。其原因是多方面的，如财源问题、法人资格问题、国民的认知度问题等。

综合性体育俱乐部承担着“新公共中心”的责任。新公共中心的核心任务就是大力开展社区健康活动、提高居民的体力、引导居民形成健康生活理念等。由此，综合性俱乐部可成为不同年龄、不同地域人们的交流场所，同时可成为进行各种各样体育活动的场所。

日本社区体育俱乐部宣传画：大家一起来运动

二是充分发挥体育指导员的作用。根据地域居民和团体的需要，继续培养体育指导员并有效发挥已有资格指导员的作用。对于地方政府中有热情、有能力的体育推进委员，要重点安排其进修，并建立表彰制度，鼓励他们为本地域的体育事业做出贡献。

三是健全地域社区的体育设施。确保在各地域有开放的体育活动场所，支持学校体育设施的有效利用。同时，有计划地推动青少年体育设施、国营公园等的建设，组织自行车旅行和户外活动，保证全部地域居民都能快乐、安全地参与体育娱乐活动。

四是通过加强与大学、企业等的合作促进地域体育的发展。在活用地域体育指导员和俱乐部经理人等优秀人才的同时，支持由企业和大学组织的讲座、讲习，推动地域体育俱乐部等本地企业和大学的合作。

日本的体育指导员培养事业推进计划

4. 培养优秀的国际竞技选手，营造有利于优秀运动员成长的环境

为构筑从少年到成人的一整套竞技体育人才培养体系，并保证日本国家队在夏季奥运会进入前5名、冬季奥运会进入前10名，《体育基本计划》提出：

一是构筑从少年期开始的一体化培养体系。通过国家与各地方政府、体育团体、强化训练所、研究机构等进行联合，建立以发掘、培养优秀运动员为核心的强化训练体系。

日本体育振兴中心与公益财团法人日本奥林匹克委员会作为独立行政法人，应不断发掘、培养可能在国际比赛中获得奖牌的有潜力的运动员，构筑扎实的培养体系，使教练员能系统地开展指导工作。日本体育协会、体育少年团等应致力于从少年运动员到优秀运动员的发掘和培养，以培养具有国际竞争力的体育人才为目标，按时举办国民体育大会。体育指导员、体育团体、儿童的监护人、地方政府、学校都要立足长远地培养少年期的运动员，关心其各个年龄阶段的发育特点，并保持体育训练与学业等的平衡。

应大力发展体育科学，以可持续发展的思想进行体育研究，以体育科技成果服务竞技水平。日本奥委会负责组织运动员参加各种国际比赛，获取世界的信息并在国内共享。国家对培养出竞技体育优秀人才的企业和团体进行表彰。

二是加快完善有利于体育指导员及裁判员培养、进修的良性循环体制。要积极培养体育指导员和裁判员，并打通从运动员到指导员再到裁判员的合理的身份转换通道。应发展各体育学会人员的专业能力，培养能参加国际大赛的教练员与裁判员，增加其海外研修的机会。同时，应积极培养体育科学、信息、大赛分析等专业的职员，强化体育事务局的功能。

三是强化运动员训练、研究基地的建设。NTC国家训练中心与JISS国立体育科学中心应根据日本奥委会及体育振兴中心的调查分析，阶段性地调整训练计划，以紧跟世界竞技体育发展的步伐。同时，要设置基地，发展水上项目和冬季项目，与大学、企业等协同促进运动员竞技水平的提高。

日本帆板训练基地

5. 积极参与、主办奥运会、残奥会等国际大赛，扩大对外交流

应加大奥林匹克精神教育的力度，推进国际交流，通过积极参与国际大赛或主办国际大赛，特别是奥运会比赛，构筑国际的人力资源网络，收集国际信息。

6. 禁止兴奋剂的使用，增进体育仲裁的公平性，推进体育比赛的透明与公平

日本是世界反兴奋剂组织的常任理事国，应以体育界的透明性、公平性与公

正性的提高作为目标，彻底清查兴奋剂。同时，对比赛团体、运动员等进行反兴奋剂教育，完善体育纠纷的调停机制。

7. 推进高水平体育与地域体育的联合，创造良性循环的机制

国家及地方政府应联合体育指导员、教练员、企业、大学、体育团体、综合性体育俱乐部等，致力于发展全方位的竞技体育，创造良性循环的运行机制，努力做到人尽其才。

四、《体育基本计划》综合解读

1. 推进国民体育认知和提高体育参与热情度

《体育基本法》规定了体育是公民创造幸福生活的基本权利，让国民能主动参与运动就是计划的首要目标。国家、地方政府、企业等都应该深刻领悟国家把体育作为立国战略的重要意义，不断深入国民进行广泛的体育宣传和普及，促进国民共同参与。

2. 多部门联合，一体化地推进体育发展

《体育基本法》直接规定：国家、地方政府、独立行政法人、事业单位、学校、体育团体、私营企业等应以自主性为前提，在日本体育振兴中心、日本奥委会、日本体育协会、日本娱乐协会等出台的各项政策指导下，形成发展体育的伙伴关系。同时，文部科学省、厚生劳动省、经济产业省、国土交通省等行政机关都必须站在体育立国的方针下，一体化地推进体育事业的发展。

3. 充分保证发展体育事业的财源

在多部门联合、吸引民间资金的同时，有关部门要编制合理的体育事业财务预算并及时进行补助，保证运动训练、体育研究以及发展地方体育的资金需要。

4. 以高水平竞技体育为龙头，带动各类体育一体化发展

国家、地方政府、体育俱乐部等有关体育部门，都应该以培养优秀运动员为目标，发挥高水平体育运动技术的引领作用，带动各类体育一体化发展。

小　结

进入 21 世纪以后，日本根据国情的需要，进一步提升了国家体育事业的地位，大步走向体育复兴之路。根据前期《日本体育振兴法》《体育振兴计划》的创立和实施状况，结合国民对体育认知的加深以及国内外环境的变化，日本政府进一步把体育法上升到国家基本法的地位，与此同时，根据《体育基本法》的要求，制定了《体育发展基本计划》，从国家层面上提升了对体育的重视，提高了国民参与体育的主动性与积极性。

第十章　日本竞技体育体制的特征

日本竞技体育的管理体制有诸多特征，概括起来，主要包括以下十项：

一、强烈的集团主义特征

从日本体育管理的机构设置与运作机制来看，日本的体育管理体制呈现出明显的集团主义特征，对于这一点，社会学、经济学的研究也有共识。一位日本学者曾经把日本人比作一群鱼，原本是井然有序地朝着一个方向游动，忽然一块石子投入水中，打乱了这个队列，鱼群就此转变了方向，但仍会秩序井然地成群游动。① 在传统的日本文化中，人们都从属于某个共同体，个人利益要服从集团的利益，由此在日本社会形成了强烈的集团主义意识以及对集团的高度的、无私的奉献精神。对此种文化产生的背景，比较有说服力的解释是历史环境论。日本是一个岛国，山地多，耕地少，山脉、河流、海洋将日本分成了许多面积狭小的区域，在交通不发达的时代，这些区域基本上成为与世隔绝的存在。此外，台风、地震、海啸等自然灾害频繁发生，逼迫人们不得不团结协作，为生存而共同努力。拜这种集团主义所赐，战后日本经济和社会获得飞速发展，其体育政策的制定和执行也处处体现出集团主义的影响，从中央到地方再到个体，日本体育以提高国民的体力为基本目标，而以提高竞技水平作为努力的方向，举全社会之力发展体育事业，客观上也为日本竞技体育成绩跻身世界先进行列做出了较大的贡献。

二、严格的等级意识与不成文的规矩

在日本的体育管理体制中，每一个集团的成员通过“纵式”关系凝聚在一起，根据标准的“链条”形式，明确地分出层次和序列。在每一个集体中，成员间也有着明确的等级关系。比如同是一个篮球队的队员，要根据毕业学校、年龄、进队时间的不同而排出序列，每个人再依据在这个序列中的位置选择适当的语言和

---

① 埃德温・赖肖尔. 日本人. 上海译文出版社 1980：142～143.

行为方式。在体育事业的管理部门内也是这样,即使是资格和身份相同的两个人,也存在着以序列划分的差别意识。如在工作中进行语言交流时,人们就必须考虑谈话对象的地位及其与自己的相对关系,必须选用最恰当的敬体语句来进行沟通和交流。脱离了这种等级意识和这些不成文的规矩,日本人就会认为社会生活失掉了规范而变得无章可循。在每一个集团内部,虽然集体的决策基本上都采取自下而上的集体决策的方式,体现了集团成员的意志。但是一旦决策付诸执行,下级对上级必须无条件地服从。下级一般都会竭力避免同上司发生公开的对立,原因在于他们害怕会伤了与上司的感情,害怕破坏了集团的和谐与秩序,更害怕被作为不受欢迎的人逐出集团。正因如此,在极端情况下,即使明知上司所说的话、所作出的决定是错误的,内心持反对的意见,也往往不敢发表看法。客观上说,这种严格的等级意识和不成文的规矩对日本体育政策的执行产生了一定的积极影响。

三、特殊的协同发展体制

"连携",本书译为"协同",这是一个在日本的体育政策中常常出现的词语,比如在奥运会选手的选拔上提出由日本体育协会与日本奥委会协同进行,在日本体育后备人才的培养方面要求由地方自治体与日本体育协会协同推进,在职业体育与业余体育的平衡方面也提出两者要协同发展,等等。"协同"有着"互相配合、一起进步"的意思,也有着"共同完成某一项任务"的意思。在日本体育管理中,"协同"不仅仅表现为前进过程中的齐心协力,而且还表现为出现问题时的"模糊责任"。比如,体育管理的相关集团都要求内部协调一致,大家抱持统一的理念,采取统一的行动,即便在施政过程中出现了某些问题,也往往并不直接明确责任部门和责任人,而是由集体来共同承担责任,共同解决问题。这种协同发展制度,并不与国际上流行的责权明确的管理理念相吻合,但它是建立在特殊的日本集团文化基础之上的,从实践来看也发挥了一定的积极作用。在日本国家层面的体育管理结构中,协同发展体制也有着明显的影子,比如,文部省虽然直接管理国家的体育工作,但是其他省厅也协调开展体育资助等事业。这一点为日本体育带来的良好效果是竞技体育、大众体育同步发展,实现了社会整体体育文化的提升。

四、高度的执行能力与良好的执行效果

执行力是一种把思想变成行动、保质保量完成任务的能力,是贯彻政策意图、完成政策目标的操作能力,高度的执行力是政策实施的基本保证。如果说,良好的政策目标和政策设计是取得一项社会事务成功的基础,那么高度的执行

能力就是使政策达到预期效果的关键。从日本的体育管理体制来看，其中层和基层管理部门有着高度的执行能力。比如，2000年日本在国家层面上出台了《体育振兴基本计划》，众多都道府县在其后几年内就都制定了本地区的体育振兴计划，并迅速付诸实施。日本竞技体育管理具备高度的执行能力，在很大程度上应归功于前述的集团主义、等级制度、协同体制等特殊的日本文化。

政策执行能力包含完成政策目标的意愿、完成政策目标的能力以及完成政策目标的程度。对个人而言执行能力就是办事能力，对团队而言执行能力就是战斗力，对管理者而言执行能力就是管理能力。而衡量执行能力的标准，对个人而言是按时、保质、保量地完成自己的工作任务；对组织而言就是在预定的时间内完成组织的战略目标。日本的体育管理部门用本国独特的文化来对体育事业进行管理，使从事体育的人员具备了较高的执行能力，达到了良好的执行效果。日本体育振兴十年计划在短短的四年内就基本完成目标，充分反映了日本竞技体育管理部门的高度执行能力。

实际上，日本人在执行政策与制度方面一般都是自觉进行的，他们认为，只要有相应的规则，就一定要按照规则去做事。这一点不仅表现在体育管理部门，而且还表现在教练员与运动员的训练方面。比如，运动部的训练有半数以上是运动员自己进行的，并没有教练员的监督，教练员只需为运动员制定好训练计划，运动员就会自觉地按相关标准认真进行训练，这也从一个侧面体现了日本社会人心中严格的制度观念和规矩意识。

五、竞技体育与其他体育成分形成了良好互动

体育在日本社会中是一个整体，为了事业发展的需要，日本文部省把体育事业分为提高儿童少年体力的体育、终身体育和竞技体育等三个部分。这与我国的分类方法相类似，但也有所不同。在日本的体育管理结构中，文部省主要负责包括社会体育、竞技体育、学校体育在内的整个国家体育的一体化发展，这种统一的体育领导机构也决定了日本体育工作的统一性。

竞技体育既是体育事业的高水平发展阶段，也是展示国家力量的工具。就竞技体育来说，日本与我们的理解是基本相同的，即以提高竞技水平、获取优异成绩为目标，尤其重视奥运体育。而竞技体育与其他体育成分的互动则主要表现在：一是依靠大众体育，培养体育后备力量。日本体育协会虽然与日本国家机关关系紧密，但其在性质上仍属于社会团体，而该协会的体育少年团是日本发现和培养竞技体育人才的摇篮。二是以学校体育与企业体育作为培养竞技体育人才的主体，把提高在校儿童的体力作为一项重要的政策目标和教育的一个重要组成部分抓好抓实，而大学体育和企业体育的人才培养则直接面向高水平的竞

技体育比赛。三是一些已经发展为职业体育的项目成为日本竞技体育的重要补充力量。

六、强调竞技体育的文化教育价值

日本的几乎每一份官方文件都向全社会传达着这样的信息:体育在充实和丰富人生的同时,也是满足人类身体和精神所需的世界性的共同文化。体育作为影响着人们身心两面的文化,对于保持个人身心的健全、实现个人的成长与发展乃至建设一个明朗的、有活力的社会,都是不可或缺的。体育,满足着人类身体运动的本能性需求,丰富着人类的精神,带给人爽快感、目标达成感以及与他人交流的协同感,可提高人类的体能,对于人们精神和心理的释放、生活习惯病的预防都有着很大的作用,是人类创造的一项重要文化活动。一个人应该终其一生保持与体育的亲近,做一个"体育人生"的规划有着非常重要的意义。

日本对竞技体育有更进一步的表述:竞技体育追求着人类的体能极限,挑战着自我的能力和技术的高峰,竞技比赛中若取得优异的成绩,还会带给国民感动与希望,提高人们对体育的关心,对建设有活力的健全社会发挥着巨大的作用。

全球化是现代世界发展的大趋势,而体育是世界共同的文化。日本体育曾经为世界体育做出过很大的贡献,通过体育的交流,增进世界人民之间的理解,促进国际友好和亲善,具有重要的意义。正是从这样一个思维的起点来理解体育的社会功能,日本人将体育看成了社会文化的重要代表,并赋予其"体育立国"的重大使命。

七、从权利的视角执行体育的功能

体育是人的一种基本权利,这种思想源自于欧洲。现在这种观点已经被众多国家接受。1978 年联合国教科文组织在巴黎召开了第 20 次会议,阐明了人的自由发展以人的身体、心智、道德为基础,因此人们参加体育活动的机会应该得到充分的保障。以此为基础,联合国教科文组织制定并颁布了《体育运动国际宪章》。

在此基础上,日本对体育的权利作出了进一步的解释,并结合体育运动的本质,重新从宪法中挖掘出若干理念与思想。比如,日本人认为,生存权、幸福追求权、受教育的权利以及过健康的文化生活的权利,都是人的基本权利。而体育运动可满足人类追求幸福、过健康的文化生活以及接受身体教育等需求。所以,从某种意义上说,参加体育运动的权利是一种复合权利。既然是权利,那么国家就应该提供使权利得以实现的途径和条件,并且,人们实施自己的权利时应该得到有效的保障。正是在这种认识的基础上,日本制定并颁布了《体育基本法》,从基本法的层次上再次提高了体育运动权利的地位，保障了体育投资、体育管理等全方位、全社会的体育工作的良性运转。

八、后备人才的广泛培养与可持续发展理念

日本人口1.2亿，属黄色人种，而且儿童人口呈逐渐下降的趋势。要想发展竞技体育，必须依靠广泛的后备人才，这是一条不争的规律。日本体育人才的发掘可以被认为是“过程发掘”，即鼓励国民从儿童阶段开始就广泛地参加多个运动项目，而基层的社会体育指导员与教练员就可以指导过程中发现和培养竞技体育人才。为此，日本还特别考虑了儿童时期“唯成绩是论”的危害，所以，全社会都注重培养儿童的体育兴趣，让儿童能广泛接触多个运动项目，并遵循不同年龄阶段身体素质提高的不同规律来增强儿童的体力。从这样一个视角来看，可以说，日本是把所有的青少年都当成了发现和培养的对象，把体育运动当成了一种基本的教育手段，不断发掘儿童潜能，发挥儿童天赋。这样，一方面保证了天才运动员不被埋没；另一方面也确实夯实了后备人才培养的基础，实现了竞技体育的可持续发展。

九、严密的组织体系和审议制度

从体育管理的组织方面来看，日本有着严密的体育事业组织和管理体系，这一点不同于欧洲的许多国家。依据行政的结构，一条线索是文部科学省以及各地方自治体的教育委员会，它们组成了一个行政管理组织体系；另一条线索则是文部科学省、日本体育协会、日本奥委会与地方体育协会和体育俱乐部，它们组成了一个社会体育组织体系。这两条线索密切配合，共同担负起日本体育事业的发展。

审议制度是日本体育管理体制的重要特征之一。在制定任何一项重大体育政策之际，一般先由文部省组织社会各方面的人员进行讨论，由审议会成员听取讨论，在重大问题上还可能组织不同的人员进行多次讨论。比如，关于“体育立国”战略的讨论会就进行了三次：第一次的审议主体是曾经获得过奥运冠军的现任体育管理者；第二次的审议主体是日本体育社会学的专家、学者；第三次的审议主体则是日本体育协会与奥委会的代表。审议会在听取了各行各业人们的讨论以后，制定出初步的方案，然后进行调查研究，在此基础上详细论证方案的必要性和可行性。在调查研究的中期，一般还会形成中间报告，最后才出台审议方案。而各项政策和重大决策都是在审议方案的基础上制定并颁布实施的。即便是在政策出台以后，审议会的成员也还要会同政策的执行部门和相关人员，进行政策实施效果的评价与调查，并将结果及时反馈至文部省，以便对政策进行必要的修订和完善。

十、对体育运动和训练的多方面保障与支持

体育既然是人的权利，那么国家与社会就都有责任保障这种权利的顺利实现，而其间最重要的环节就是资金支持。日本人认为，国家拿出钱来支持体育发展是理所当然的事情。日本体育事业运行的资金来自于行政拨款与社会项目运营两个大的方面。具体来讲，行政拨款并不是某一个特定部门的任务，而是由各省厅协同进行；而社会项目的运营则包括体育彩票发行、职业体育运营等等。体育事业属于文化事业，因此体育事业的地位也应该等同于文化事业，但从实际情况来看，日本体育事业的资金投入尚达不到文化事业的1/3，所以，日本政府近年来开始加大对体育事业的投入。但随着日本体育管理权力的分散下放，国家只出台政策，具体的体育事业都由地方自治体负责，这样一来就出现了各地域发展不平衡的情况，这是难以避免的。好在国家从总体上加大投入、均衡地发展以竞技体育为龙头的体育事业的理念没有改变，所以保证了日本竞技体育水平的相对稳定。另外，在资源利用方面，由于日本天然就是一个资源缺乏的国家，所以长期以来养成了合理、节约利用资源的习惯和文化。日本的体育场馆大多是二十多年前建成的，随着时间的推移，有许多已经不能满足大型比赛的需要，但仍被作为训练场地使用，而为了满足承办大型国际比赛的需求，许多新型的综合竞技场也正在建设之中。

作为运动和训练的保障体系来说，资金是一个非常重要的部分，但并不是全部。所以，日本也建立起面向体育发展的科技和信息服务体系，在科技服务体系中还有营养师、训练师的配备，保证了高水平运动和训练工作的顺利进行。

第十一章 结 语

以价值观与价值取向为起点，深入分析其政策制定、组织管理和运行机制，对我们完整地理解一国体育事业的发展有着重要的意义。

日本体育自明治维新开始，伴随着日本各项社会事业的展开，与富国强兵的理念和实践同步发展起来，在继承了体育基本的求胜理念的基础上，赋予了西方体育以日本文化的元素，从而发展成一个相对独特的体育形态，其主要特点有：肯定人们在比赛中的求胜欲望，重视体育的教育价值，形成了严格的等级与纪律观念，强调协调配合发展，认同集体主义等基本价值取向。二战战败后，日本获得了民主主义的发展机会，社会制度发生了根本性变革，以此为契机，日本体育开始注重人的基本权利，担负起引领和发展大众的使命，使得竞技体育与社会其他体育成分无形地结合成一个整体，在相对完备的法律制度下，健康地、可持续地推进着以竞技体育为龙头、社会各种体育成分相互作用、全面发展的体育管理实践。

在认识到体育是社会文化的一个重要组成部分、体育是青少年的基本需要的基础上，日本竞技体育管理的行政由文部省及其下设的体育青少年局组成的机构负责，承担着就全国体育发展制定政策并组织实施的任务。起初，在日本人的理解中，竞技体育是社会精英所进行的体育活动，国家应向有着体育需求的体育精英提供政策、训练、科研等方面的保障与支持。后来，随着大众体育的发展，日本体育协会与日本奥委会逐渐发挥了中间衔接的作用，成功地把精英的体育需求与国家整体的需要乃至大众的体育需求结合了起来，实现了体育的促进文化、教育、经济发展和对外宣传的综合性功能。

二战以来，日本竞技体育行政的发展是一个渐次受到重视和施政水平不断提高的过程。在半个世纪的发展历程中，从奥林匹克行政的初步形成到确立运动员强化训练体制，再到以国策的形式规范和引导体育的发展，无不体现着日本从国家层面对竞技体育的重视。在这个发展过程中，日本《体育基本法》和《体育振兴基本计划》的颁布以及三次有关体育发展的审议对日本体育产生了里程碑式的影响。这种影响也延伸到了竞技体育的发展，从 20 世纪 60 年代以东京奥运会为契机日本竞技体育获得长足发展，到 70 年代日本大力发展大众体育，在广泛培养的基础上选拔体育精英，再到 80 年代日本重新高度重视竞技体育，强调运动员的强化训练和综合发展，反映了日本体育政策曲折的发展过程。虽然《体育基本法》和《体育振兴基本计划》的最终效果还有待历史的检验，但对于一项国家和社会事业来讲，政策的制定与实施是最为重要的影响因素，就这一点来看，日本在发展体育过程中的施政努力无疑是值得充分肯定的。

从日本竞技体育的成绩来看，国家的重视程度是影响竞技体育水平的重要因素，与此同时，我们还可以看出，现代竞技体育的竞争是专业化、专门化的竞争，要取得优异的运动成绩，不能单纯依靠大众体育的自然发展。当然，大众体育的发展可以使竞技体育的作用得到更为有效的发挥。金牌的真正价值在于其产生的波及效果，获得金牌的目的是为了激励国民、引导社会文化的正向发展以及催生一种民族凝聚力。而要达到这样一个目的，就要大力发展大众体育，拉动大众对于体育文化的需求，提高整个社会对竞技体育事业的关注，这是一条最佳的途径，也是实现竞技体育价值与社会影响最大化的必由之路。

任何国家的法律与制度都不能说是绝对完善的，但依法行政是现代化国家的重要标志。二战以后，日本通过种种改革，建立了严整的法律制度，形成了深刻的法治观念。日本历史学家将战后的日本社会制度与战前进行了比较，认为最大的变化就是战前实行的是人治，而战后实行的是法治。这一点在日本的体育事业管理上也体现得较为明显。体育法、体育体制、体育政策是现代管理过程中的整体，互相依存，互相作用，体育体制和体育政策依据体育法而生，体育法又为体育体制和政策的规范运行奠定了基础。体育体制包含着体育政策，国家设置的诸体育机构是制定和实施政策的主体，而政策的对象则是社会的人，作为社会人又必须在法律的规范下活动。这样就建立起一个系统的体育管理体系，可逐步实现体育事业的良性运行。在政策的制定、实施和评价的过程中，日本政府以实现人的发展为目标，以法的规范为准绳，建立了有效的信息反馈与评价制度，使政策在实施的过程中逐渐改善，相关法规不断完备，保证了体育事业的稳健发展。

日本行政的一个重要特征就是计划性很强，而计划行政要取得预期的效果，需要两方面的保障：一是必须制定合理的政策，二是使政策得以有效的实施。政策合理与否主要须看政策的导向是否引领了社会发展的正确方向，而对政策的执行能力却是决定政策能否有效实施的关键。日本竞技体育的发展历程充分体现了把竞技体育作为一种引领社会优秀文化的教育工具、一种培养青少年体育爱好与兴趣的重要手段的理念和实践，国家制定了合理的发展战略和相关法律、政策，而地方自治体则积极联系市町村，并与国民一道，依法落实国家的体育政策，使政策的制定与执行形成了一个较为高效的社会运转系统，促进了日本竞技体育乃至整个社会文化的发展。

参考文献

[1]田麦久.《运动训练学》.北京:人民体育出版社 2000.8.

[2]王宏江,刘青.美国、澳大利亚和日本竞技体育管理模式研究.成都体育学院学报,2007,33(3):8～11.

[3]聂啸虎."二战"后日本体育复兴的历史考察.成都体育学院学报,2002,28(2):42～44.

[4]高虹.北京奥运会后竞技体育和大众体育的走向问题——东京奥运会后日本体育发展道路的启示.山东体育学院学报,2008,24(8):19～21.

[5]森川贞夫・佐伯聪夫.スポーツ社会学讲义.东京:大修馆书店,2002.2:56～66.

[6]木村吉次. 体育・スポーツ史概论.东京:有限会社 市村出版,2003.4:74～76.

[7]日下裕弘.日本スポーツ文化の源流.东京:不味堂出版 1996.2.

[8]王宏江,刘青.美国、澳大利亚和日本竞技体育管理模式研究.成都体育学院学报,2007,33(3):8～11.

[9]崔颖波.东京奥运会后的日本体育发展给我们的启示 ——兼论 2008 年北京奥运会后我国的体育方针.体育与科学 2004,25(4):28～31.

[10]周爱光.日本体育政策的新动向——《体育振兴基本计划》解析.体育学刊,2007, 14(2):17～19.

[11]周爱光. 日本体育法学的发展及研究动向. 体育学刊 2006,13(3):1～4.

[12]内田和雄.戦后スポーツ体制の确立.东京:不味堂出版 1993.1.

[13]柴田晴夫・篠原一洋・鹤,英树・中平稔人.变わりゆく日本のスポーツ.世界思想社 2008.

[14]関・春男.戦后日本のスポーツ政策その构造と展开.东京:大修馆书店,1997.4.

[15]水野和英.スポーツと国家.东京:株式会社 文艺社,2001.4:146～147.

[16]子供の竞技スポーツ.体育科学センターの步み.体育科学.财团法人体育科学センター2002.31:220～224.

[17]秦华云,李政.解读现代夏季奥运会日本代表团的比赛成绩.山西师大学报体育学院研究生论文专刊,2008,23:143～146.

[18]聂啸虎."二战"后日本体育复兴的历史考察.成都体育学院学报,2002,28(2):42～44.

[19]郑贺.东京奥运会后日本体育发展带来的启示.体育文化导刊,2003,9:16～17.

[20]郭瑞华.东京奥运会后日本体育发展带来的启示.体育文化导刊,2005,1:66～67.

[21]夏书红.东京奥运会后日本体育发展历程对我国体育发展的启示.沈阳体育学院学报,2007年26(6):24～26.

[22]丛宁丽.日本体育制度改革对竞技体育的影响.成都体育学院学报,2004,30(6):22～25.

[23]出云辉彦.日本の国际竞技力の推移と竞技力向上策を巡る诸问题.体育スポーツ政策研究 2003.12(1):15～26.

[24]崛繁,木田悟.スポーツで地域をつくる.东京:株式会社三阳社,2007.7:95.

[25]藤田纪昭.日本体育协会の政治性に関する研究.体育・スポーツ社会学研究7.体育・スポーツ社会学研究会 1988.10:35.

[26]大久保応哲.近代日本体育の形成における幕末フランス军事顾问团の影.体育学研究,2009,54:1～14.

[27]昭和二一年度事业概要报告书.大日本体育会,1947年评议员会议事禄.

[28]诹访信夫,井上洋一.スポーツ政策の现代的课题.东京:株式会社日本评论社,2008.4:51～52.

[29]スポーツ百年の遗产スポーツ少年团.スポーツジャーナル2010夏号.日本体育协会.2010年.

[30]公认スポーツ指道者制度オフィシャルブック2010.日本体育协会.2010年3月.

[31]柴田晴夫・篠原一洋・鹤,英树・中平稔人.变わりゆく日本のスポーツ[M].东京:世界思想社 2008,3:134～135.

[32]菊幸一.学校体育の危机と生涯スポーツ.変わりゆく日本のスポーツ.东京:世界思想社 2008,P190.

[33]埃德温·赖肖尔.日本人.上海译文出版社 1980: 142~143.

[34]原正,川井圭司.道入对话によるスポーツ法学[M].东京:不磨书房 2007年4月.

[35]水野忠文,木下秀明.体育史概说.东京:株式会社杏林书院体育の科学社,1996,290~292.

[36]池田胜.スポーツ政策研究の国际动向.体育学研究 43,1998.11:225~233.

[37]スポーツ振兴基本计画.文部科学省,2000年.

[38]スポーツ振兴基本计画の在り方について－豊かなスポーツ环境を目指して(答申).保健体育审议会,2000年8月.

[39]体育・スポーツの普及振兴に関する基本的方策について(答申).保健体育审议会,1989年11月.

[40]21世纪に向けたスポーツの振兴方策について(答申).保健体育审议会,1972年12月.

[41]スポーツ立国戦略.スポーツ立国调查会,2009年12月.

[42]スポーツあいち　さわやかプラン——21世纪の豊かな生涯スポーツ社会を筑くために.爱知県.2003年.

[43]スポーツ振兴法.1961年昭和36年6月16日法律第141号.

[44]スポーツ振兴投票の実施等に関する法律,平成10年5月20日法律第63号.

[45]21世纪のスポーツ指道者～望ましいスポーツ指道者とは～、财团法人日本体育协会,2010年6月1日第三版.

[46]水野和英.スポーツ社会学确立のために[M].东京:株式会社文芸社,2001.

[47]変容する现代社会とスポーツ[C].日本スポーツ社会学会.东京:世界思想社,1998年8月.

[48]第49回国民体育大会报告书.名古屋:第49回国民体育大会実行委员会,1995年.

[49]中山正吉.地域スポーツと政策.冈山:株式会社大学教育、2000年6月.

[50]寒川恒夫.スポーツ文化论.东京:株式会社杏林书院,1999年4月.

[51]寺岛善一.现代社会とスポーツ.东京:大修馆书店,1991年6月.

[52]寒川恒夫.21世纪の伝统スポーツ.东京:大修馆书店,1995年12月.

[53]坂上康博.スポーツと政治.东京:株式会社山川出版社,2001年11月.

[54]稲垣正浩・谷釜了正.スポーツ史讲义.东京:大修馆书店,1998年4月.

[55]斋藤健司.フランスのスポーツ政策の动向からみた日本のスポーツ政策の课题と展望.、日本体育学会第61回大会体育社会学シンポジウム,2010年9月9日.

[56]佐藤由夫.ドイツのスポーツ政策の动向からみた日本のスポーツ政策の课题と展望.、日本体育学会第61回大会体育社会学シンポジウム,2010年9月9日.

[57]藤井和彦.竞技力向上をめぐる今日的课题と新たな视座を探る.日本体育学会第61回大会体育経営管理学シンポジウム,2010年9月8日.

[58]新たなスポーツ文化の确立,文部科学省资料,2010.

[59]スポーツ立国戦略——スポーツコミュニティ・ニッポン、文部科学省。2010年8月26日.

[60]木下秀明.スポーツの近代日本史,东京:株式会社杏林书院1970年.

[61]国民体育大会の歩み.都道府県体育协会连络协议会、新东京出版1980年.

[62]日本体育协会五十年史.日本体育协会,1963年.

[63]日本体育协会七十五年史.日本体育协会,1986年.

[64]清原泰治.大日本体育会の成立过程に関する研究。筑波大学大学院修士论文1986.

[65]高冈裕之.大日本体育会の成立 幻の东京オリンピックとその时代:戦时期のスポーツ:东京,青弓社2009.

[66]中村祐嗣.大日本体育会の组织机构と事业について——とくに都道府県支部を中心に、早稲田大学人间科学研究,1993.

[67]草深直臣.戦后日本体育政策史序说.立命馆大学人文学科研究29号1979.

[68]太田顺康・长濑聪子,明治神宫大会に関する研究——明治神宫大会と昭和初期のスポーツについて——大阪教育大学纪要51.2、2003.

[69]行实鉄平.総合型地域スポーツクラブの范域に関する実证的研究.日本体育学会第61回大会予稿集2010年9月,P174.

[70]中山健,プロスポーツクラブの社会贡献活动に関する研究.日本体育

学会第 61 回大会予稿集 2010 年 9 月,P178.

[71]猪谷千春,水野正人,中森康弘,オリンピック思想の原点からよりよいスポーツ环境に向けて、スポーツ文化第 6 号　日本スポーツ振兴センター 2010 年 3 月.

[72]小野瀬刚志. 十五年戦争下における体育家のスポーツ思想の変迁. 日本体育学会第 52 回大会号 2001 年 9 月,P207.

[73]佐藤充宏. ファミリースポーツ実施が与えるスポーツ少年团活动への影响. 日本体育学会第 52 回大会号 2001 年 9 月,P209.

[74]木村和彦. 地域スポーツ経営のイノベーション. 日本体育学会第 52 回大会体育経営管理シンポジウム.

[75]http://www.japan－sports.or.jp/财团法人日本体育协会.

[76]http://www.joc.or.jp/index.html 财团法人日本オリンピック委员会.

[77]http://www.japan－sports.or.jp/aichiken/爱知県体育协会.

[78]http://www.manabi.pref.aichi.jp/koiki/index.html 爱知県広域スポーツセンター.

[79]http://www.mext.go.jp/文部科学省.

[80]http://dlib.cnki.net/kns50/中国知识资源总库.

[81]http://www.sportinfo.net.cn/jjtyxx/index.asp 体育咨询网.

后 记

孤自踏入日本留学，沿着近现代百年的历史走来，有若一个求知的灵魂在文字的海洋里游荡，带着一种无边的纠结去寻找那些朦胧的残片，书本的字里行间弥漫着尚未完全散去的硝烟，令人窒息的空气中似乎依旧回荡着一个个如雷贯耳的名字：鲁迅、梁启超、孙中山、周恩来……在这片土地上留下脚印的仁人志士让我感到了一种力量，使我在慵懒的时候不敢有一丝懈怠之心，在无助的时候不敢有半分苟且之念。

一百多年前，中华民族在无尽的压迫和苦难的征程中蓦然发现，曾领先世界几千年的文明已被枪炮打破，我们已经落后了……然而知耻后勇，痛定思痛后的中国，犹如加足了马力的火车，飞奔在发展的轨道上，她向世界证明着：一个勇于反省、进取自新的民族有着无穷无尽的力量！

恍然如梦中醒来，我们可以带着满腔的热血去爱、去恨，但是不能以感情代替理智，以虚荣代替进取。我们清醒地看到，我们的国家还有诸多不尽如人意的事情，危机与灾难还在一次次侵蚀着这片古老的土地，我们的事业还有着众多不完善的地方，离真正的辉煌还有着很长的路。所以，我们仍需努力。

不管我的努力是一滴汗水还是一滴泪水，我都愿意让它流在中国。

曲国洋

2015 年 12 月